Die deutsche Besatzung in Lyon im Blick der Täterforschung

MODERNE GESCHICHTE UND POLITIK

Herausgegeben von Prof. Dr. Anselm Doering-Manteuffel,
Prof. Dr. Georg Schild und Prof. Dr. Andreas Wirsching

BAND 28

Elisabeth Meier

Die deutsche Besatzung in Lyon im Blick der Täterforschung

Bibliografische Information der Deutschen Nationalbibliothek
Die Deutsche Nationalbibliothek verzeichnet diese Publikation
in der Deutschen Nationalbibliografie; detaillierte bibliografische
Daten sind im Internet über http://dnb.d-nb.de abrufbar.

ISSN 0170-9127
ISBN 978-3-631-67038-5 (Print)
E-ISBN 978-3-653-06249-6 (E-Book)
DOI 10.3726/978-3-653-06249-6

© Peter Lang GmbH
Internationaler Verlag der Wissenschaften
Frankfurt am Main 2016
Alle Rechte vorbehalten.
Peter Lang Edition ist ein Imprint der Peter Lang GmbH.

Peter Lang – Frankfurt am Main · Bern · Bruxelles ·
New York · Oxford · Warszawa · Wien

Das Werk einschließlich aller seiner Teile ist urheberrechtlich
geschützt. Jede Verwertung außerhalb der engen Grenzen des
Urheberrechtsgesetzes ist ohne Zustimmung des Verlages
unzulässig und strafbar. Das gilt insbesondere für
Vervielfältigungen, Übersetzungen, Mikroverfilmungen und die
Einspeicherung und Verarbeitung in elektronischen Systemen.

Diese Publikation wurde begutachtet.

www.peterlang.com

Inhalt

Einleitung 7

1. Die Besatzung Lyons, „dieses so heißen Bodens",
   vom Standpunkt der deutschen Quellen aus 17

   1.1 Die Besatzer 17

       1.1.1 Die Lyoner Sipo-SD 17

       1.1.2 Sicherheitspolizei und Sicherheitsdienst in Lyon 26

       1.1.3 Weitere deutsche Behörden im Dienst der
   „Aufrechthaltung der Sicherheit und Ordnung" 34

   1.2 Die charakteristischen Merkmale der deutschen
   Besatzung in Lyon – Erklärungsfaktoren für die
   Gewaltsteigerung während der Besatzungszeit? 47

       1.2.1 Der chronische Mangel an Personal 47

       1.2.2 Die Vorbehalte der französischen Polizei und die
   Brutalität der kollaborationistischen Gruppen 52

       1.2.3 Verschwommene Verantwortungen: die
   arbeitsteilige Organisation des Verbrechens 69

2. Der Einfluss der nationalsozialistischen
   Weltanschauung auf die Bekämpfung des
   französischen Widerstands in Lyon 77

   2.1 Das Bild des Widerständlers in den deutschen Quellen 77

       2.1.1 Juristische Grundlagen und praktische
   Interpretation in Frankreich 77

       2.1.2 Das Bild des „Freischärlers" und des
   französischen Widerstands in den deutschen
   Quellen zu Lyon 82

   2.2 Der Beitrag der „Täterforschung" zur Geschichte
   der Besatzung Lyons 89

      2.2.1 Wer sind die Täter? Kriterien zur Bildung von
Täterprofilen in Ost- und Westeuropa 89

      2.2.2 Die verschiedenen Täterprofile in Lyon 93

2.3 Die deutsche Besatzung in Lyon: Parallelen zum
deutschen Vorgehen in Osteuropa? 105

      2.3.1 „Konventioneller Krieg oder
NS-Weltanschauungskrieg"? 105

      2.3.2 Die ‚wilden' Massaker des Sommers 1944:
die außergerichtliche Repression 110

Schlussfolgerung 115

Quellenverzeichnis 119

Literaturverzeichnis 121

Einleitung

Lyon spielt als „Hauptstadt der *Résistance*" sowohl in der Geschichte Frankreichs im Zweiten Weltkrieg als auch im französischen Kollektivgedächtnis eine wichtige Rolle, wobei Figuren wie Jean Moulin oder Klaus Barbie Teil der Legenden der nationalen *Résistance*-Bewegung bzw. der Allmacht der Gestapo geworden sind. Jedoch bleibt die ‚deutsche' Seite der Besatzung Lyons bis heute relativ unerforscht. Die Historiker, die sich mit der Geschichte der Stadt befasst haben, benutzten vor allem französische Quellen und konzentrierten sich auf die Geschichte des Widerstands oder des Alltags der Bevölkerung.[1] Eine Magisterarbeit aus dem Jahr 1975 stützte sich zwar auf deutsche Militärquellen, stellte jedoch in den Mittelpunkt ihrer Forschungen die Zusammensetzung der verschiedenen in Lyon stationierten Wehrmachtseinheiten.[2]

Ein Ziel dieser Arbeit[3] ist es also, die Geschichte Lyons durch die Untersuchung von deutschen Quellen zu schreiben, die von den verschiedenen polizeilichen und militärischen Dienststellen während der Besatzungszeit erstellt worden sind. Dieser Ansatz stützt sich auf die in den beiden letzten Jahrzehnten erfolgte Erneuerung der Historiographie zur deutschen Besatzung in Frankreich. Traditionelle Forschungsobjekte zum Zweiten Weltkrieg waren in Frankreich das Vichy-Regime oder die *Résistance*; in Deutschland beschäftigte sich die Täterforschung hauptsächlich mit den Kriegsschauplätzen im Osten Europas. Die beiden Standardwerke zu Frankreich, Eberhard Jäckels *Frankreich in Hitlers Europa* und Hans Umbreits

---

1 Wie zum Beispiel das Werk von Henri Amoretti, *Lyon capitale: 1940–1944*, Paris 1964, oder auch Forschungsarbeiten von Marcel Ruby und Gérard Chauvy, Spezialisten der Besatzung von Lyon. Siehe die Literaturliste.
2 Jacques Natali, *L'occupant et l'occupation allemande à Lyon de 1940 à 1944*, Magisterarbeit, Universität Lyon II 1975.
3 Diese Arbeit stützt sich auf die Masterarbeit der Autorin, *L'organisation de la répression allemande à Lyon, 1942–1944*, Aix-Marseille Université 2011, unter der Betreuung von Prof. Dr. Jean-Marie Guillon. Siehe auch Elisabeth Meier, „L'appareil d'occupation allemand à Lyon, 1942–1944. Composition, fonctionnement et politiques de répression", *Francia. Forschungen zur Westeuropäischen Geschichte*, Band 41, 2014, S. 301–319.

Der Militärbefehlshaber in Frankreich waren zwar immer noch relevant, doch bildeten sie die einzigen Bücher zu dem Thema.[4] Das Deutsche Historische Institut in Paris war ein Wegbereiter der neuen Bewegung. Seit 1988 haben deutsche und französische Historiker im Rahmen mehrerer Tagungen neue Forschungsthemen präsentiert und initiiert. Historiker wie Gaël Eismann, Stefan Martens, Ahlrich Meyer, Peter Lieb oder Regina Delacor sind heute wichtige Vertreter dieser historiographischen Erneuerung. Berührungspunkt ihrer Werke ist die Benutzung zeitgenössischer Quellen. Gefördert wurde dies durch die Publikation der Inventare der deutschen Quellen, die in den Archives Nationales in Paris und im Bundesarchiv-Militärarchiv in Freiburg-im-Breisgau aufbewahrt sind.[5] So wurden unterschiedliche Themen wie die Rolle des Militärbefehlshabers und der militärischen Gerichtshöfe in der Repression oder die „Bandenbekämpfung" in den Jahren 1943–1944 untersucht.[6]

So unentbehrlich die Quellen der Besatzungsorgane auch sein mögen, um die Organisation der deutschen Dienststellen in Frankreich, ihre Funktion und ihre Zusammenarbeit in den Verfolgungsmaßnahmen zu erläutern,

---

4 Eberhard Jäckel, *Frankreich in Hitlers Europa*, Stuttgart 1966; Hans Umbreit, *Der Militärbefehlshaber in Frankreich 1940–1944*, Boppard am Rhein 1968. Hans Luther hatte bereits 1957 ein Buch zum französischen Widerstand und seiner Bekämpfung verfasst, doch war er selbst während des Krieges Kommandant der Sipo-SD in Bordeaux. Sein Werk ist also nicht frei von ideologisch geprägten Ansätzen. Hans Luther, *Der französische Widerstand gegen die deutsche Besatzungsmacht und seine Bekämpfung*, Tübingen 1957.
5 Archives nationales, *La France et la Belgique sous l'occupation allemande 1940–1944. Les fonds allemands conservés au Centre historique des Archives nationales. Inventaire de la sous-série AJ 40*, Paris 2002; Stefan Martens (Hrsg.), *Frankreich und Belgien unter deutscher Besatzung 1940–1944. Die Bestände des Bundesarchiv-Militärarchivs Freiburg*, Stuttgart 2002.
6 Ahlrich Meyer, *L'occupation allemande en France, 1940–1944*, Paris 2002; Peter Lieb, *Konventioneller Krieg oder NS-Weltanschauungskrieg? Kriegführung und Partisanenbekämpfung in Frankreich 1943–44*, München 2007; Gaël Eismann, Stefan Martens (Hrsg.), *Occupation et répression militaire allemandes. La politique de „maintien de l'ordre" en Europe occupée, 1939–1945*, Paris 2007; Regina M. Delacor, *Attentate und Repressionen. Ausgewählte Dokumente zur zyklischen Eskalation des NS-Terrors im besetzten Frankreich 1941/42*, Stuttgart 2000; Gaël Eismann, *Hôtel Majestic, Ordre et sécurité en France occupée (1940–1944)*, Paris 2010.

wurden sie von französischen Historikern doch nur wenig benutzt, nicht zuletzt wegen der Sprachbarriere. Es gibt zugleich eine Fülle und doch wenige Quellen zur Geschichte von Lyon im Zweiten Weltkrieg. Es werden heute im Bundesarchiv Ludwigsburg Tausende von Dokumenten der Nachkriegsprozesse gegen ehemalige Mitglieder der Lyoner Sipo-SD aufbewahrt und es befinden sich in den Archives Nationales und im Militärarchiv Freiburg in den Akten der Dienststellen des Militärbefehlshabers in Frankreich oder der Wehrmachtseinheiten Restbestände der verschiedenen Dienststellen, die von Lyon aus die „Südzone" verwalteten.

Der Bestand AJ 40 der *Archives Nationales* besteht hauptsächlich aus Quellen zur wirtschaftlichen Ausbeutung Frankreichs zugunsten Deutschlands, zum Beispiel der Abteilung Verwaltung und Wirtschaft. Dennoch werden auch andere Dokumente verwahrt, die von größerem Interesse für die Studie der Repressionspolitik in Lyon sind. Diese Quellen erweisen sich als äußert kostbar, um die Organisation der verschiedenen in Lyon tätigen Dienststellen zu erläutern. Vor allem die verschiedenen Befehle und Erlasse aus Paris oder Berlin ermöglichen es, den rechtlichen und strukturellen Rahmen der Besatzung in der „Südzone" ab November 1942 zu präsentieren. Die Quellen ‚von oben' werden durch Dokumente von lokalen Dienststellen ergänzt, die einen Eindruck vom Alltag der Besatzung in der Stadt vermitteln. Berichte des Arbeitseinsatzstabes zum Beispiel geben indirekt wertvolle Informationen zum Personalmangel, der alle Dienststellen betrifft, oder zur Widerstandsaktivität bzw. zur „Bandenbekämpfung". Die Abschlussberichte, die nach dem Rückzug im September 1944 verfasst wurden, informieren ebenfalls zu den „terroristischen Aktivitäten" der Widerständler. Parallel zu diesem Bestand befinden sich im Bundesarchiv-Militärarchiv in Freiburg ebenfalls Dokumente des Militärbefehlshabers in Frankreich sowie Kommandanturbefehle aus Lyon.

Jedoch sind viele Quellen, und vor allem die der Sipo-SD, vernichtet worden, teils durch die alliierte Bombardierung der Dienststelle am 26. Mai 1944, teils durch Angehörige der Sipo-SD selbst. Vereinzelte Dokumente befinden sich im Centre de Documentation Juive Contemporaine in Paris. Es handelt sich dabei um einige Telegramme der Abteilung IV der Lyoner Sipo-SD, die über die Massenverhaftungen von Juden in der

Rue Sainte-Catherine am 9. Februar 1943[7] oder der jüdischen Kinder des Kinderheims Izieu am 6. April 1944 Bericht erstatten.[8] Diese Telegramme, die zum größten Teil von Klaus Barbie selbst verfasst wurden, waren an Helmut Knochen und die Abteilung IV B 4 der Pariser Sipo-SD gerichtet und wurden schon vom französischen Historiker Serge Klarsfeld in seinen Werken zur Judenverfolgung in Frankreich ausführlich untersucht.[9] In Beständen des ehemaligen Berlin Document Center, heute im Bundesarchiv Berlin-Lichterfelde, befinden sich ebenfalls Dokumente zu den SS-Männern Klaus Barbie und Werner Knab.

Französische Quellen der unmittelbaren Nachkriegszeit, wie die sehr ausführlichen Berichte der „Dienststelle für die Auffindung von feindlichen Kriegsverbrechen", ergänzen die zeitgenössischen Dokumente. Diese Dienststelle führte schon ab September 1944 Ermittlungen zu deutschen Gewaltexzessen, aber auch zur Funktionsweise von Sipo-SD und Abwehr und zur Aktivität der deutschen militärischen Gerichtshöfe in Lyon durch. Der Bestand befindet sich heute in den Archives départementales des Departements Rhône. Ursprünglich „Mahnmal der Unterdrückung" (*„Mémorial de l'oppression"*) genannt[10] (unter der Verantwortung des Kommissars der Republik der Region Rhône-Alpes), wurde die Behörde durch eine Anordnung vom 14. Oktober 1944 in „Dienststelle für die Auffindung von feindlichen Kriegsverbrechen" umgetauft und kam unter die Obhut des Justizministeriums. Yves Farge, Kommissar der Republik, setzte an ihre Spitze den Arzt Pierre Mazel. Laut den Anweisungen von Yves Farge waren ihre Aufgaben, im Rahmen der Befreiung der Region Lyon „alle Ereignisse, die während der Besatzung der Region Rhône-Alpes gegen das Menschenrecht verstießen und außerhalb des Kriegsrechtes verübt wurden, zusammenzustellen und zu kontrollieren"[11]. Diese Taten sollten vor dem militärischen Gerichtshof

---

7   CDJC, XLVI – 30/39, Bericht Klaus Barbies an Knochen, die Razzia der UGIF betreffend, Lyon, 15. Februar 1943.
8   CDJC, VII-10, Telegramm von Klaus Barbie an die Abteilung IV B 4 der Pariser Sipo-SD, die Razzia des jüdischen Kinderheims Izieu betreffend, 6. April 1944.
9   Serge Klarsfeld, *Vichy-Auschwitz: Le rôle de Vichy dans la solution finale de la question juive en France, 1943–1944*, Paris 1985.
10 Diese Behörde trat am 3. September 1944 im Dienst und wurde durch ein Gesetz des 26. März 1946 eingestellt.
11 Anordnung Nr. 108 vom 12. September 1944.

als Kriegsverbrechen verurteilt werden. Die Untersuchungen sollten in Zusammenarbeit mit den Gemeinden, der Polizei, der Gendarmerie, der FFI, der Kommandanten von Kriegsgefangenenlagern und der Ministerien für Justiz und für Gefangene, Deportierte und Flüchtlinge durchgeführt werden. Das Ziel war es, diese Verbrechen in den großen Prozessen gegen den Nationalsozialismus als Anklage zu benutzen und der Zivilbevölkerung Frankreichs das Ausmaß der NS-Gewalt vor Augen zu führen. Es wurde jedoch nur ein Band im April 1945 zu den Geschehen in der Stadt Lyon und im Departement Ain publiziert. Das Justizministerium beschwerte sich über das schleppende Vorankommen der Untersuchungen der regionalen Dienststellen. Eine Verordnung des Justizministers setzte der Tätigkeit der Dienststelle im Oktober 1946 ein Ende.

Dieser Bestand beinhaltet eine Vielzahl von Dokumenten und ist besonders wertvoll, da er zumindest zum Teil die großen Lücken der deutschen polizeilichen Quellen der Besatzungszeit kompensiert.[12] Die Dienststelle erstellte zum Beispiel eine sehr detaillierte Synthese der deutschen Sipo-SD und Abwehr in Lyon, mit Angaben zur ihrer Organisation, ihren Aufgaben und einer Liste ihrer deutschen und französischen Mitarbeiter. Diese Liste erweist sich als die vollständigste zur Anzahl der in Lyon tätigen Sipo-SD-Männer, die bisher in den verschiedenen Archivzentren gefunden wurde.[13] Der Bestand enthält somit die einzige gründliche und detaillierte Darstellung des Aufbaus der verschiedenen deutschen Besatzungsbehörden in Lyon.

Eine weitere interessante französische Nachkriegsquelle sind die Prozessprotokolle des Kollaborationisten Francis André, der 1946 vom Lyoner Militärgerichtshof zum Tode verurteilt wurde. Francis André ist das

---

12 Benoît Van Reeth (Hrsg.), *Répertoire numérique du Fonds du service du Mémorial de l'oppression et de la délégation régionale du Service de recherche des crimes de guerre ennemis*, Lyon 2003, S. 7–11.
13 Bestand des Mahnmals der Unterdrückung und der Dienststelle für die Auffindung von feindlichen Kriegsverbrechen, Archivzentrum des *départements* (AD) Rhône, 3808 W 25, „Synthese der deutschen Geheimdienste in der Gegend von Lyon während der Besatzung", erstellt durch den Kapitän Barbe für die Dienststelle für die Auffindung von feindlichen Kriegsverbrechen, Lyon, 12. Februar 1945.

prominenteste Beispiel des französischen Kollaborationismus[14] in Lyon: als Mitglieder der faschistischen Partei PPF (*„Parti Populaire Français"*, „Französische Volkspartei") haben André und seine Männer die Sipo-SD tatkräftig unterstützt. In den Protokollen wird sehr detailreich die Arbeitsweise dieses Kommandos im Zusammenspiel mit dem SD beschrieben.[15]

Es bleiben dennoch offene Fragen zur Besatzung von Lyon, und insbesondere zur Frage der Täter. Klaus Barbie bleibt durch seine Rolle in der Repression als Gestapo-Oberhaupt von Lyon, seine Aufspürung und seinen vielbeachteten Prozess 1987 das Hauptsymbol der nationalsozialistischen Verbrechen in Frankreich. Sowohl Aussagen ehemaliger Widerständler als auch ehemaliger Besatzer im Rahmen von deutschen und französischen Nachkriegsermittlungen und Prozessen führten zur Herausbildung eines Kollektivgedächtnisses um Barbie, das die Rolle der anderen Sipo-SD-Mitglieder und erst recht der militärischen Besatzer in Lyon in Vergessenheit geraten ließ. Ein wichtiges Beispiel dafür ist Werner Knab, Oberhaupt der Lyoner Sipo-SD, der nie ins Blickfeld der Forschung geriet. Auch die Rolle einiger militärischer Einheiten, die als Wach- und Exekutionskommandos fungierten, bleibt bis heute im Dunkel. Selbst wenn man infolge der schwierigen Quellenlage an Grenzen stößt, bieten die Ergebnisse der deutschen „Täterforschung" doch analytische Anhaltspunkte und Kriterien, um verschiedene Kategorien von Tätern zu erkennen. Die Täterforschung befasst sich zwar hauptsächlich mit den Judenverfolgungen und dem Holocaust im Osten Europas, ergänzt aber die Forschungen zum Westen Europas und zu Frankreich und erläutert auch Aspekte der Widerstandsbekämpfung. Ihre Vertreter distanzieren sich heute von starken Dichotomien wie der Debatte zwischen „Intentionalisten" und „Funktionalisten" und bedienen sich

---

14 Der Kollaborationismus ging weiter als die Politik der Kollaboration der Vichy-Regierung: seine Anhänger standen der nationalsozialistischen Ideologie nah und waren in faschistischen Parteien wie der PPF und in verschiedenen Splittergruppen organisiert. Auch die von deutscher Seite finanzierten Pariser Presse, wie z. B. Robert Brasillachs *Je suis partout*, vertrat kollaborationistische Ideen. Vgl. Jean-Marie Guillon, „Collaboration(s) et collaborationnisme. Vue d'ensemble", in: *De la collaboration à la répression de la Résistance*, Studientag an der Maison Méditerranéenne des Sciences de l'Homme, Aix-en-Provence, 11. Januar 2011.
15 CHRD, Ar. 1551 Maurice-Picard-Bestand, Akte „Francis André", Aussage Francis Andrés vor dem Gerichtshof Lyon, Januar 1946.

vieler Erklärungsfaktoren, um die Motive und Handlungsspielräume der verschiedenen Akteure der Repressionen und Verfolgungen zu analysieren.[16]

Dabei spielt die Frage des Einflusses der nationalsozialistischen Weltanschauung auf die Besatzer und ihre Maßnahmen gegen Widerständler und Juden eine wichtige Rolle. Sie ist ein Punkt, der die heutige Historiographie zur Besatzung Frankreichs spaltet. Historiker wie Ahlrich Meyer oder Regina Delacor stellen ein starkes Verhältnis zwischen der Bekämpfung des kommunistischen Widerstands und der Verfolgung der Juden fest, die im Rahmen einer ähnlichen repressiven Politik wie der im Osten Europas erfolgt sein soll. Ahlrich Meyer befasst sich ebenfalls mit der Verantwortung der Wehrmacht an den Verbrechen, die während der Kämpfe gegen den *maquis*[17] begangen wurden und denen viele Zivilisten zu Opfer gefallen seien.[18] Regina Delacor interpretiert den Zyklus der Attentate und der Repressalien der Jahre 1941–1942 als die in Frankreich erfolgte Umsetzung des ideologischen Vernichtungskriegs im Osten.[19] Peter Lieb widersetzt sich diesen Interpretierungen und beschäftigt sich in seinen Forschungen[20] mit der Frage des Wesens des in Frankreich geführten Krieges – ist er ein „konventioneller" Krieg oder ein „NS-Weltanschauungskrieg"? Er ist sehr kritisch gegenüber Meyer und Delacor und verteidigt die Theorie, nach der die *Résistance* den deutschen Besatzern kein ideologisches, sondern ein militärisches Problem stellte. Exekutionen von Widerständlern, die als „Freischärler" erachtet wurden, seien in dieser Hinsicht keine Kriegsverbrechen im juristischen Sinn. Er bestreitet jedoch nicht die Verbrechen, die von einigen deutschen Einheiten begangen wurden und sich durch vier Kriterien auszeichnen: den Einfluss der nationalsozialistischen Weltanschauung, die

---

16 Siehe u. a. Gerhard Paul (Hrsg.), *Die Täter der Shoah. Fanatische Nationalsozialisten oder ganz normale Deutsche?*, Göttingen 2002; Christopher R. Browning, *Ganz normale Männer. Das Reserve-Polizeibataillon 101 und die „Endlösung" in Polen*, Hamburg 1993; Hannes Heer, Klaus Naumann (Hrsg.), *Vernichtungskrieg. Verbrechen der Wehrmacht 1941 bis 1944*, Hamburg 1995.
17 Der *maquis* bezeichnet die undurchdringlichen Gebiete u. a. in den Alpen bzw. dem Jura, in denen sich junge Männer versteckten, die sich dem Zwangsarbeitsdienst widersetzten. Sie wurden in den Jahren 1943–1944 zu Hochburgen der *Résistance*.
18 Ahlrich Meyer (2002).
19 Regina M. Delacor (2000).
20 Peter Lieb (2007).

Erfahrung der Ostfront und des Partisanenkriegs sowie die Zugehörigkeit zu einer Eliteeinheit.[21] Thomas J. Laub, Autor eines im Jahr 2010 erschienenen Buchs über die deutsche Besatzung in Frankreich, befindet sich in der historiographischen Bewegung, die die Verantwortung des Militärbefehlshabers in Frankreich als „widerstrebender Peiniger" in der deutschen Repressionspolitik herunterspielt.[22] Gaël Eismann lehnt diese etwas veraltete Sicht des Militärbefehlshabers in Frankreich ab. Sie ist der Auffassung, dass eine Analyse der Attentate in den Jahren 1941 und 1942 nur in der Sichtweise des „NS-Vernichtungskrieges" eine allzu große Simplifizierung der Verhältnisse dieser Repression darstellt. Sie wirft Peter Lieb jedoch vor, zu nah an der deutschen, restriktiven Interpretierung des Kriegsrechts zu sein und die Verantwortung des Oberkommandos der Wehrmacht oder des Militärbefehlshabers in Frankreich bei den repressiven Maßnahmen zu minimieren.[23]

Ziel dieser Arbeit ist es, die Akteure der deutschen Besatzung in Lyon und die charakteristischen Merkmale dieser Besatzung zu analysieren, um so zu versuchen, das Bild von den Widerständlern zu bestimmen, das die verschiedenen Besatzungsorgane hatten, und zu untersuchen, inwiefern dieses Bild die Repressions- und Verfolgungsmaßnahmen prägte. Auf den Einfluss der nationalsozialistischen Weltanschauung bei einigen Besatzungsakteuren der Sipo-SD – unter anderem Werner Knab – und der Wehrmacht wird ebenfalls eingegangen. Das Fehlen von privaten Quellen des Besatzungspersonals und Ego-Dokumenten wie Briefen oder Tagebüchern erschwert die Analyse des Grades der Indoktrinierung, sodass deutsche und französische

---

21 Peter Lieb, „Wehrmacht, Waffen-SS et Sipo-SD: La répression en France 1943–1944", in: *La répression en France à l'été 1944*, Kolloquiumsbericht der Fondation de la Résistance und der Stadt Saint-Amand-Montrond, Saint-Amand-Montrond, 8. Juni 2005, Paris 2007, <www.fondationresistance.org/documents/ee/Doc00004-002.pdf>, [10.12.2010], S. 3.
22 Thomas J. Laub, *After the fall. German policy in occupied France*, Rezension von Gaël Eismann, in: Francia-Recensio, Februar 2012, <http://www.perspectivia.net/content/publikationen/francia/francia-recensio/2012-2/ZG/laub_eismann>, [5.10.2012].
23 Gaël Eismann (2010), S. 69; Peter Lieb (2007), Rezension von Gaël Eismann, in: Francia-Recensio, April 2009, <http://www.perspectivia.net/content/publikationen/francia/francia-recensio/2009-4/ZG/lieb_eismann>, [5.10.2012].

Sekundarliteratur benutzt wurde, um diese Frage zu erläutern. Diese Arbeit stellt somit einige Anregungen zu weiterer Forschungsarbeit vor.

Die Analyse wird in einer zweiteiligen Gliederung geführt. Zuerst werden die militärischen und polizeilichen Akteure der Besatzung und die charakteristischen Merkmale der Besatzung in Lyon vorgestellt, die als Erklärungsfaktoren für die Gewaltsteigerung der Besatzungspolitik benutzt werden können. In einem zweiten Teil wird der Einfluss der nationalsozialistischen Weltanschauung auf die Bekämpfung des Widerstands und die Verfolgungen untersucht: zuerst die juristischen Grundlagen des Bilds des „Freischärlers", die Umsetzung dieses Bildes unter Lyoner Verhältnissen, sowie die verschiedenen Täterprofile, die sich aus den Besatzungsakteuren in Lyon herauskristallisieren. Diese Elemente sollen so die Frage der Parallelen zur Situation im Osten Europas erläutern.

1. Die Besatzung Lyons, „dieses so heißen Bodens"[24], vom Standpunkt der deutschen Quellen aus

1.1 Die Besatzer

1.1.1 Die Lyoner Sipo-SD

Die sogenannte ‚freie Zone'[25] wurde am 11. November 1942 nach der alliierten Landung in Nordafrika im Rahmen der Operation „Attila" (später in Operation „Anton" umbenannt) besetzt. Nach diesem Datum befand sich bis auf die *départements* der italienischen Besatzungszone ganz Frankreich unter deutscher Herrschaft. Die Demarkationslinie bestand jedoch weiter, da die Südzone nicht denselben juristischen Status wie das „altbesetzte Gebiet"[26] erlangte.[27] Offiziell behielt die Vichy-Regierung die Souveränität über Südfrankreich, obwohl diese *de facto* durch die deutsche Invasion und die Einrichtung deutscher Dienststellen nicht mehr bestand. Die französische Waffenstillstandsarmee wurde am 27. November 1942 aufgelöst[28] und ihre Waffen und Munitionen von der Wehrmacht beschlagnahmt.[29] Die Vichy-Regierung klammerte sich jedoch an die Bezeichnung „unbesetzte

---

24 AN, AJ 40/545, Schreiben der Dienststelle der deutschen Botschaft in Lyon an die Zweigstelle der deutschen Botschaft in Vichy zum Mord an Philippe Henriot, Minister für Information und Propaganda der Vichy-Regierung, Lyon, 3. Juli 1944 (Abschrift), S. 1.
25 Das französische Staatsgebiet wurde in verschiedene Bezirke aufgeteilt. Die zwei Hauptteile waren das besetzte Gebiet, das von der Südzone bzw. der sog. „freien Zone" durch eine Demarkationslinie abgegrenzt war. Diese verlief von der Grenze zur Schweiz bei Genf bis zur spanischen Grenze. Vgl. Rita Thalmann, *La mise au pas. Idéologie et stratégie sécuritaire dans la France occupée*, Paris 1991, S. 20.
26 Deutsche Bezeichnung für das besetzte Gebiet nördlich der Demarkationslinie.
27 Rita Thalmann (1991), S. 20–21.
28 Raymond Aubrac, „Aspects militaires de la Résistance", in: Jean-Pierre Azéma, François Bédarida, Robert Frank (Hrsg.), *Jean Moulin et la Résistance, Les Cahiers de l'IHTP*, Nr. 27, Juni 1994, S. 28.
29 AN, AJ 40/449, Besondere Anordnungen Nr. 2 für das neubesetzte französische Gebiet, 29. November 1942.

Zone". Die Frage bekam eine politische und diplomatische Dimension: trotz der verzweifelten Versuche der französischen Machthaber, ihre schwindende Souveränität durch den etwas merkwürdigen Begriff der „unbesetzten Zone" zu wahren, kamen sowohl auf deutscher wie auf französischer Seite andere Bezeichnungen in Umlauf, die eher den Tatsachen entsprachen. So wurde in Geschäftsbeziehungen von „früher unbesetztem Gebiet" oder von „neubesetztem Gebiet" gesprochen. Diese Bezeichnungen sollten jedoch aus diplomatischen Gründen auf Befehl der Militärverwaltung nicht gegenüber den französischen Behörden benutzt werden. Das Oberkommando des Heeres setzte schließlich die Bezeichnung „Gebiet Südfrankreich" durch.[30] Die Südzone wurde nicht dem Militärbefehlshaber in Frankreich (MBF), Carl-Heinrich von Stülpnagel, sondern direkt dem Oberbefehlshaber West (Ob West), Gerd von Rundstedt, unterstellt. Sie erhielt den Status eines „Operationsgebiets", das jedoch nicht einer Militärverwaltung unterstellt werden sollte. So besetzten zwar deutsche Truppen das Gebiet, übernahmen jedoch nicht die Rechte der Besatzungsmacht.[31]

Die Illusion der französischen Souveränität in der Südzone ist durchschaut, sobald man einen Blick in die Dokumente des Militärbefehlshabers in Frankreich und des Kommandanten des Heeresgebiets Südfrankreich wirft. Diese belegen, dass die Hoheitsrechte zwar durch die französische Regierung ausgeübt wurden, jedoch nur auf der Grundlage der Anforderungen der deutschen Besatzer. Diese behielten sich vor, diesen Tatbestand, der auf den Beschlüssen der Waffenstillstandskommission und der Erklärung vom 27. Dezember 1942 derselben beruhte, jederzeit nach ihrem Willen zu ändern. Dies konnte im Fall militärischer Maßnahmen geschehen, oder „weil die französische Regierung von ihrer Souveränität keinen ausreichenden

---

30 AN, AJ 40/965, Vermerk zum Namen der Südzone nach November 1942, o. D.; AN, AJ 40/449, Schreiben des Chefs der Militärverwaltung an den Abteilungsleiter der Abteilungen Wirtschaft, Verwaltung und MVZ, Betr.: Südfrankreich, Paris, 20. Mai 1943.
31 Beate Husser, *Les autorités allemandes d'occupation en France à travers les archives allemandes (conservées en Allemagne). Aspects de la répression et de la persécution (1940–1944)*, Deutsch-französische Magisterarbeit, Universität Paris-III 1997, S. 83.

Gebrauch zu machen weiß[32]" – anders formuliert, falls die französische Regierung eben Gebrauch von ihrer Souveränität machen und sich weigern sollte, die deutschen Befehle aufs Wort genau zu befolgen.

Mit dem 1. August 1943 veränderte sich der Status der Südzone ein erstes Mal: Der Kommandant des Heeresgebiets Südfrankreich wurde dem Militärbefehlshaber in Frankreich unterstellt. Diese Änderung wurde jedoch nur intern als „einseitige deutsche militärische Maßnahme" bekanntgegeben.[33] Die Militärverwaltung wollte auf diese Weise weiterhin die Illusion der französischen Souveränität aufrechthalten. Dies beruhte auch auf einem gewissen Pragmatismus der deutschen Befehlshaber: es war wohl einfacher, Zugeständnisse der Vichy-Regierung auf Basis von Verhandlungen mit der französischen Obrigkeit zu bekommen.[34] Ein anderer Grund politischer und diplomatischer Natur kam ebenfalls ins Spiel: die Ausübung der Hoheitsrechte durch die französische Regierung, so beschränkt sie auch sein mochten, wurde als Waffe gegen die feindliche Propaganda benutzt, die behauptete, die Vichy-Regierung sei nur eine Marionettenregierung.[35] Der Kommandant des Heeresgebiets Südfrankreich blieb weiterhin der Ansprechpartner der Franzosen im Süden, erhielt seine Befehle jedoch fortan direkt vom Militärbefehlshaber in Frankreich.[36] Die Neuordnung zielte zudem darauf ab, die komplexen und verstrickten Beziehungen zwischen den verschiedenen deutschen Dienststellen zu vereinfachen und rationaler

---

32 AN, AJ 40/965, Rechtsverordnung des Kommandanten des Heeresgebiets Südfrankreich, Abteilung Ic, Lyon, August 1943.
33 Ebd., S. 1.
34 AN, AJ 40/453, Vermerk über eine Besprechung betr. Verwaltungsorganisation in Südfrankreich, o. D., S. 3: „Allmählich wird nunmehr dazu übergangen, Befugnisse und Aufgaben der Verwaltung in Südfrankreich durch entsprechende Vereinbarungen des MBF mit den französischen Fachministerien festzulegen, um den Mangel hoheitlicher Befugnisse durch freiwillige Zusagen der französischen Regierung zu ersetzen."
35 Beate Husser (1997), S. 87. Die Korrespondenz zwischen Roland Krug von Nidda, Leiter der Zweigstelle der Deutschen Botschaft in Vichy, und Rudolf Schleier, deutscher Generalkonsul in Paris, zeigt das politische Interesse der deutschen Besatzer an der Aufrechthaltung der Fiktion einer französischen Souveränität, PA-AA, DB Paris/1158c, Telegramme von Nidda an Schleier, 29. Juni 1943 und von Schleier an Von Nidda, 1. Juli 1943.
36 Beate Husser (1997), S. 85–86.

zu gestalten.³⁷ Eine letzte Änderung in der Organisation des Heeresgebiets Südfrankreich erfolgte im März 1944 mit der Einsetzung einer Militärverwaltung.³⁸ Dies führte zur Gründung der Abteilung „Verwaltung und Wirtschaft" im Stab des Kommandanten des Heeresgebiets Südfrankreich.³⁹ Dieser Schritt zerstörte endgültig die Illusion der Souveränität des Vichy-Regimes.

Zum Kommandanten des Heeresgebiets Südfrankreich wurde ab Dezember 1942 General Heinrich Niehoff ernannt.⁴⁰ Er wurde 1940 im Alter von 60 Jahren aus dem Ruhestand geholt und übernahm bis zum Herbst 1942 die Stelle des Kommandanten der Oberfeldkommandantur von Lille (OFK 670), bevor er nach Lyon versetzt wurde.⁴¹ Niehoffs Hauptaufgaben bestanden in der Aufrechthaltung der Ordnung und der Sicherheit, dem Schutz der deutschen Truppen und der Aufsicht über die französische Verwaltung und Wirtschaft.⁴²

Um die Überwachung der offiziell unter Vichy-Regierung stehenden Südzone zu gewährleisten, wurden, ähnlich wie im altbesetzen Gebiet, Dienststellen auf lokaler, departementaler und regionaler Ebene eingesetzt. Diese Organisationstruktur glich mit Ausnahme der Bezeichnung der Dienststellen den Feld- und Oberfeldkommandanturen des „altbesetzten Gebiets". Lyon bildete als Sitz des Stabes des Kommandanten des Heeresgebiets Südfrankreich das Zentrum dieses Systems. Auf der Ebene der regionalen Präfekturen existierten sechs Hauptverbindungsstäbe, sowie weitere 26 Verbindungsstäbe für die restlichen Präfekturen. Die sechs

---

37 AN, AJ 40/449, Bericht des Chefs des Stabes an das Oberkommando des Heeres über die Notwendigkeit, den Kommandanten des Heeresgebiets Südfrankreich dem MBF zu unterstellen, Juni 1943.
38 AN, AJ 40/965, Befehl des MBF zur Einführung eines Militärverwaltung in Südfrankreich, 7. März 1944.
39 AN, AJ 40/449, Einführung der Militärverwaltung in Südfrankreich, Schreiben des MBF, Paris, 6. April 1944, S. 1.
40 Rita Thalmann (1991), S. 21.
41 Ebd., S. 33.
42 AN, AJ 40/449, Zweiter grundlegender Befehl des Oberbefehlshabers West: Aufgaben und Befugnisse des Kommandanten des Heeresgebiets Südfrankreich, 25. Januar 1943, S. 1; AN, AJ 40/449, Verwaltungsstab des MBF, Betr.: Aufbau und Aufgaben des Kommandanten im Heeresgebiet Südfrankreich, Paris, 5. Februar 1943 (vertraulich), S. 1.

Hauptverbindungsstäbe befanden sich in Lyon (Hauptverbindungsstab 590, unter der Führung vom Brigadegeneral Hahn, bis zur Ernennung vom Divisionsgeneral Kohl im Juni 1944[43]), Clermont-Ferrand, Limoges, Montpellier, Toulouse und Marseille.[44] Der Hauptverbindungsstab Lyon übte die Kontrolle über acht *départements* (Loire, Ain, Isère, Ardèche, Rhône, Haute-Savoie, Savoie und Drôme) sowie über Teile von Saône-et-Loire und Jura aus.[45] Die Organisation der großen militärisch-polizeilichen Operationen gegen den *maquis* in der Region um Lyon lag damit beim Hauptverbindungsstab 590.[46] Lyon war zudem Sitz des für das *département* Rhône zuständigen Verbindungsstabs 987.[47] Diesen leitete bis Mai 1944 der Major Hoppach und anschließend der Oberst von Versen.[48] Die lokale Ebene fiel in den Aufgabenbereich der Platzkommandantur Lyon unter der Führung von Oberst Munschberg (bis April 1944) und von Oberst Gerholz (im Mai und Juni 1944).[49] Anfang 1944 erfolgte die Anpassung des Systems der

---

43 Gérard Chauvy nennt den General Füchtbauer als Oberhaupt des Hauptverbindungsstabs 590, der Bataillonchef Perrot hingegen den Brigadegeneral Hahn. Gérard Chauvy, *Lyon 40–44*, Paris [1985] 1993, S. 225; AD Rhône, 3808 W 25, Vernehmung des Bataillonchefs Perrot, Protokoll des Kommissars der Kriminalpolizei Antoine Chardon, Dienststelle für die Auffindung von feindlichen Kriegsverbrechen, 27. Dezember 1945, S. 1. Eine Liste der amtierenden Leiter der Ober- und Feldkommandanturen zum 15. Juni 1944 nennt Divisionsgeneral Kohl als Kommandant des Hauptverbindungsstabs 590. Vgl. AN, AJ 40/965, Liste der amtierenden Kommandanten der Oberfeldkommandanturen und der Feldkommandanturen zum 15. Juni 1944, S. 1.
44 AN, AJ 40/449, Verwaltungsstab des MBF, Betr.: Aufbau und Aufgaben des Kommandanten im Heeresgebiet Südfrankreich, Paris, 5. Februar 1943 (vertraulich), S. 1.
45 Ein Teil von Ain, der Großteil von Isère und die *départements* Drôme, Savoie und Haute-Savoie erst nach dem Waffenstillstand der Alliierten mit Italien und dem Rückzug der italienischen Armee im September 1943.
46 Ahlrich Meyer (2002), S. 164.
47 Beate Husser (1997), S. 85; Gaël Eismann, „L'administration militaire allemande", in: Jean-Luc Leleu, Françoise Passera, Jean Quellien (Hrsg.), *La France pendant la Seconde Guerre mondiale. Atlas historique*, Paris 2010, S. 59.
48 AD Rhône, 3808 W 25, Vernehmung des Bataillonchefs Perrot, Protokoll des Kommissars der Kriminalpolizei Antoine Chardon, Dienststelle für die Auffindung von feindlichen Kriegsverbrechen, 27. Dezember 1945, S. 1.
49 Ebd. Dem Befehl Nr. 188 der Platzkommandantur Lyon des 7. Juli 1944 nach wurde die Platzkommandantur im Juni 1944 aufgelöst. Der Verbindungsstab

Verbindungsstäbe an das der Kommandanturen im altbesetzten Gebiet. Die Kriegsstärkenachweisung der Stäbe entsprach ab diesem Zeitpunkt für die vier Hauptverbindungsstäbe die einer Oberfeldkommandantur und für die Verbindungsstäbe die einer Feldkommandantur. Der Hauptverbindungsstab Lyon entsprach einer Oberfeldkommandantur und hatte unter seiner Führung fünf Feldkommandanturen erster Ordnung (die Verbindungsstäbe Lyon, Saint-Étienne, Grenoble, Valence und Annecy) und fünf Feldkommandanturen zweiter Ordnung (Chambéry, Bourg, Privas, Mâcon und Lons-le-Saunier). Lyon sollte als Oberfeldkommandantur erster Ordnung theoretisch über 47 Mitarbeiter, darunter Offiziere, Unteroffiziere, Mannschaften und Stabshelferinnen, verfügen.[50] Die deutschen Dienststellen in Lyon und im ganzen Gebiet Südfrankreich litten jedoch generell an chronischem Personalmangel.[51] Diese lokalen Verwaltungsbehörden ermöglichten es Niehoff, für das Tagesgeschäft direkt in Kontakt mit den französischen Behörden wie den Präfekten zu treten. Niehoff stand außerdem im Kontakt mit der Vichy-Regierung durch den Repräsentanten von Rundstedt, den deutschen General des Oberbefehlshabers West in Vichy von Neubronn, der ebenfalls Vermittler zwischen dem Militärbefehlshaber in Frankreich und der französischen Regierung war.[52]

Um die Verbindung zwischen den beiden besetzten Zonen aufrechtzuhalten, wurde nach einer Vereinbarung des Militärbefehlshabers in Frankreich und des Oberbefehlshabers West im Februar 1943 die Stelle eines Verbindungsbeamten geschaffen. Dieser sollte die Verbindung zwischen dem Generalstab des Kommandanten des Heeresgebiets Südfrankreich und des Verwaltungsstabs von Stülpnagel übernehmen und so eine Koordinierung

---

987 übernahm ihre Aufgabe. BA-MA, RH 34/260, Kommandanturbefehl Nr. 188, Platzkommandantur Lyon, Hauptverbindungsstab 987, Lyon, 7. Juli 1944.

50 Für ausführliche Details zur Neuorganisation siehe AN, AJ 40/453, Kommandant des Heeresgebiets Südfrankreich, Abt. IIa, an den MBF, Abt. Ia, Betr.: Neuorganisation im Bereich des Kommandanten des Heeresgebiets Südfrankreich, 4. Februar 1944 (Abschrift von Entwurf), S. 1.

51 Siehe AN, AJ 40/453, Telegramm des MBF an das Oberkommando des Heeres, 19. März 1944.

52 AN, AJ 40/449, Unterstellung des Kommandanten des Heeresgebiets Südfrankreich unter den MFB, 18. August 1943, S. 2; Beate Husser (1997), S. 84–85.

der deutschen Maßnahmen in Frankreich gewährleisten.[53] Diese Stelle wurde zuerst vom Militärverwaltungsoberrat (MVOR) Evers der Feldkommandantur von Amiens besetzt, der ab dem 1. Juni 1943, nach seiner Rückkehr nach Amiens, durch den Militärverwaltungsrat (MVR) Seifarth ersetzt wurde.[54] Ab dem 20. September 1943 übernahm MVOR Schwarzer den Posten.[55] Der Verbindungsbeamte hatte mehrere Sonderbeauftragten des Verwaltungsstabes in Paris unter seiner Verantwortung, die vom Militärbefehlshaber in Frankreich nach Lyon versetzt wurden. Diese waren für verschiedene Wirtschaftssektoren verantwortlich (im Februar 1943 für die Industriewirtschaft, die Lebensmittelversorgung, die Landwirtschaft und die kulturellen Angelegenheiten).[56]

Diese direkte Verbindung zwischen Lyon und Paris war dazu vorgesehen, die Beziehungen zwischen beide Instanzen zu vereinfachen. Der Verbindungsbeamte unterstand Niehoff, während die Sonderbeauftragten in seinem Dienst der Verantwortung des Quartiermeisters des Stabs des Kommandanten des Heeresgebiets Südfrankreich oblagen, was zu Schwierigkeiten führte. Die verschiedenen Ämter des Verwaltungsstabs des Militärbefehlshabers in Frankreich betrachteten ihre Sonderbeauftragten als ihre Verbindungsbeamten in Lyon, obwohl die Einsetzung *eines* Verbindungsbeamten in Lyon eigentlich die Beziehungen zwischen Niehoff und Paris hätte vereinheitlichen und nicht noch mehr Verbindungskanälen erzeugen sollen.[57] Dieses Beispiel ist charakteristisch für die Vielschichtigkeit der deutschen Verwaltung und die Verschachtelung der Kompetenzen.[58]

---

53 Beate Husser (1997), S. 84; AN, AJ 40/453, Bereitstellung eines Verbindungsbeamten zwischen dem Stab des Kommandanten des Heeresgebiets Südfrankreich und dem Verwaltungsstab des MBF, Paris, 9. Februar 1943.
54 AN, AJ 40/453, Erlass des MBF, Paris, 24. Juni 1943.
55 AN, AJ 40/965, Schreiben des MBF an den Kommandanten des Heeresgebiets Südfrankreich, Paris, 16. September 1943.
56 AN, AJ 40/453, AN, AJ 40/453, Bereitstellung eines Verbindungsbeamten zwischen dem Stab des Kommandanten des Heeresgebiets Südfrankreich und dem Verwaltungsstab des MBF, Paris, 9. Februar 1943.
57 AN, AJ 40/453, Schreiben des Chefs des Verwaltungsstabes Dr. Michel, die Aufgaben des Verbindungsbeamten betreffend, Paris, 31. August 1943.
58 Beate Husser (1997), S. 85; Ludwig Nestler (Hrsg.), *Europa unterm Hakenkreuz. Die Okkupationspolitik des deutschen Faschismus (1938–1945) – Die faschistische Okkupationspolitik in Frankreich (1940–1944)*, Berlin 1990, S. 29.

Die wachsende Bedeutung der Wirtschaftsangelegenheiten für die Besatzungsmacht in Frankreich und ihre Kriegsziele führte am 1. März 1944 zur Einführung der Abteilung Verwaltung und Wirtschaft beim Kommandanten des Heeresgebiets Südfrankreich. Die Einführung einer Militärverwaltung nach dem Modell der Militärbezirke der Nordzone sollte Organisationsmängel beseitigen. Um die Illusion der französischen Souveränität in der Südzone aufrechtzuhalten, wurde jedoch nicht ein „Chef der Militärverwaltung" geschaffen, sondern eine neutraler klingende „Abteilung Verwaltung und Wirtschaft". Die Sonderbeauftragten wurden von nun an in dieser Abteilung versetzt.[59] Sie befand sich direkt unter der Aufsicht Niehoffs. Verantwortlich für sie war der Militärverwaltungsrat (MVR) Dr. Freiherr von Andrian-Werburg.[60]

Gérard Chauvy interpretiert die Ernennung Niehoffs als Kommandanten des Heeresgebiets Südfrankreich als Belohnung für dessen lange Karriere.[61] Wie Peter Lieb an den Beispielen der Befehlshaber der Bezirke Nordwestfrankreich und Südwestfrankreich, Vierow und Feldt, sowie des Kommandanten von Groß-Paris, Boineburg-Lengsfeld, zeigt, kam eine Versetzung in den Westen nach der vorherigen Führung von Großverbänden an der Ostfront einer deutlichen Degradierung gleich.[62] Niehoff selbst verfügte jedoch über keinerlei Ostfronterfahrung, da er seinen gesamten Kriegsdienst im Westen geleistet hatte. Dies war einer der Gründe, weshalb er kurz vor dem Abzug der deutschen Truppen und Behörden aus Frankreich abberufen und durch den General der Infanterie Ernst Dehner abgelöst wurde.[63] Effektiv hatte Dehner

---

59 AN, AJ 40/965, Schreiben des Oberkommandos des Heeres an den MBF zur Einführung einer Militärverwaltung im Heeresgebiet Südfrankreich, Paris, 21. Februar 1944.
60 AN, AJ 40/965, Einführung einer Militärverwaltung im Heeresgebiet Südfrankreich, Kommandant des Heeresgebiets Südfrankreich, Lyon, 10. März 1944, S. 1–2.
61 Gérard Chauvy (1993), S. 225.
62 Peter Lieb (2007), S. 57.
63 AD Rhône, 3808 W 25, Vernehmung des Bataillonchefs Perrot, Protokoll des Kommissars der Kriminalpolizei Antoine Chardon, Dienststelle für die Auffindung von feindlichen Kriegsverbrechen, 27. Dezember 1945, S. 1; Jacques Natali (1975), S. 18. Natali gibt an, dass dieser Wechsel „fünfzehn Tage vor der Evakuierung" stattgefunden habe und dass Dehner von der russischen Front zurückkehrt sei, wobei er tatsächlich vom Balkan zurückkam.

in seiner kurzen Amtszeit nur noch die Aufgabe, den deutschen Rückzug aus Südfrankreich zu organisieren. Dieser Amtswechsel ist exemplarisch für die deutsche Politik kurz vor dem Ende der Besatzung Frankreichs: Im Rahmen der verschärften Bekämpfung der „Bandentätigkeit" im Sommer 1944 waren Personen gefragt, die über Erfahrung im Partisanenkrieg verfügten. Dehner hatte vom Herbst 1943 bis Frühjahr 1944 in Nordkroatien das LXIX. Reservekorps geführt. Unter seinem Kommando waren repressive Maßnahmen der im deutschen Dienst befindlichen Kosaken gegen die kroatische Zivilbevölkerung gedeckt worden.[64] Er schien deshalb der Situation gewachsen zu sein, in der sich die deutsche Besatzungsmacht seit der Landung der Alliierten im Juni 1944 befand. Das Kriterium der Osterfahrung war jedoch nicht zwingend ausschlaggebend. Niehoff hatte bereits durch eine Großoperation gegen den *maquis* im *département* Ain im Februar 1944 in Zusammenarbeit mit Werner Knab, Chef des Sicherheitsdiensts und der Sicherheitspolizei in Lyon, Erfahrung im Krieg gegen die französischen Partisanen (*maquisards*) gesammelt. Die Organisation dieses Unternehmens, an dem Wehrmachtssoldaten aus verschiedenen Einheiten, Feldgendarmen, die Sipo-SD sowie Personen aus einem Polizeiregiment der Organisation Todt beteiligt waren, fand im Hauptverbindungsstab 590 statt, also im Zuständigkeitsbereich Niehoffs.[65] Niehoff gab in seiner Amtszeit auch „ungewöhnlich scharfe" Befehle.[66] Dehner dagegen, obwohl er auf dem Balkan gegen Partisanen gekämpft hatte, „verwehrte [...] sich entschieden gegen unterschiedslose ‚Sühnemaßnahmen' und wies darauf hin, dass ‚auch im ausgesprochenem Bandengebiet [...] friedliebende Zivilbevölkerung' wohnen konnte."[67] In einer Anweisung des Generalkommandos drückte er sich folgendermaßen aus:

---

64 Peter Lieb (2007), S. 57–58. Vgl. BA-MA, RH 24–69/5, Generalkommando LXIX, Reservekorps, Ia Nr. 3320/4778/43 geh. vom 12. Dezember 1943, Betr.: Verhalten der Kosaken gegenüber Domobranen. Quellenangabe nach Peter Lieb (2007), S. 58.
65 Ahlrich Meyer (2002), S. 164; Peter Lieb, „Wehrmacht, Waffen-SS et Sipo-SD: La répression en France 1943–1944" (2007), S. 3.
66 Peter Lieb (2007), S. 58. Vgl. BA-MA, RH 38/267, Der Kommandant des Heeresgebiets Südfrankreich, Tagesbefehl Nr. 19/43 vom 22. Dezember 1943. Quellenangabe nach Peter Lieb (2007), S. 58.
67 Peter Lieb (2007), S. 58. Vgl. BA-MA, RH 24–69/10, Generalkommando LXIX, Reservekorps, Abt. Ic, Betr.: Zivilbevölkerung im Bandengebiet [o. D., wohl Ende 1943]. Quellenangabe nach Peter Lieb (2007), S. 58.

„Alle Maßnahmen, die gegen unbewaffnete Zivilisten durchgeführt werden, müssen den Charakter der Gerechtigkeit behalten und müssen vom Gefühl des Hasses und der Rache frei bleiben."[68]

Auf die Rolle der Wehrmacht in der „Bandenbekämpfung" wird in dem zweiten Teil der Arbeit näher eingegangen.

1.1.2 Sicherheitspolizei und Sicherheitsdienst in Lyon

Ab Juni 1942 waren die Sicherheitspolizei und der Sicherheitsdienst für die Verfolgung deutschfeindlicher Aktivitäten verantwortlich. Meist vereinfachend als „Gestapo" bezeichnet, stellte die Sipo-SD eine komplexe Organisation dar, die direkt dem Reichsführer-SS und Chef der Polizei Heinrich Himmler unterstand.[69] Die ersten Angehörigen der Sipo-SD kamen inoffiziell, in der Form des Sonderkommandos Knochen, im Juni 1940 nach Frankreich, als die Wehrmacht mit der Einsetzung des Militärbefehlshabers in Frankreich und dessen angegliederten Behörden die Kontrolle im neubesetzten Gebiet übernahm. Hitler wollte nicht wie in Polen die Macht in den Händen der Polizei konzentriert sehen. Somit war bis Frühjahr 1942 die Militärverwaltung für die Besatzungspolitik und Repressionsmaßnahmen verantwortlich. Helmut Knochen und seine Männer übernahmen jedoch mit der Fahndung nach Feinden des nationalsozialistischen Regimes wie Juden, Kommunisten und deutschen oder österreichischen Emigranten bereits erste sicherheitspolitische Aufgaben. Die Polizeimaßnahmen gegen diese Gruppen mussten sie jedoch der geheimen Feldpolizei überlassen, da die Sipo-SD über keine Vollzugsgewalt in Frankreich verfügte.[70] Das Sonderkommando wuchs von 20 auf 200 Mann an. Gleichzeitig wurden Kontakte zu den französischen Polizeibehörden aufgebaut, insbesondere im Kampf gegen Kommunisten. Weitere Abteilungen etablierten sich in Dijon, Bordeaux und Rouen, und Nebenstellen in Nancy, Besançon und Orléans.

---

68 BA-MA, RH 24–69/10, Generalkommando LXIX, Reservekorps, Abt. Ic, Betr.: Zivilbevölkerung im Bandengebiet [o. D., wohl Ende 1943]. Quellenangabe nach Peter Lieb (2007), S. 58.
69 Jürgen Matthäus, „Sicherheitspolizei", in: Wolfgang Benz, Hermann Graml, Hermann Weiß (Hrsg.), *Enzyklopädie des Nationalsozialismus*, München [1997] 2007, S. 794–795.
70 Jacques Delarue, *Histoire de la Gestapo*, Paris 1962, S. 261–263.

Das Verhältnis zwischen Knochen und von Stülpnagel war zwar schlecht, belastete jedoch auf lokaler Ebene die Zusammenarbeit der militärischen und polizeilichen Behörden nicht.[71]

Im Konflikt um die sogenannte Geiselkrise[72] gewann schließlich die Sipo-SD mit der Ernennung Carl-Albrecht Obergs zum Höheren SS- und Polizeiführer. Er nahm offiziell am 1. Juni 1942 seine Arbeit auf.[73] Dies führte zu einer vollkommenen Neustrukturierung der deutschen Polizeibehörden. Das Amt „Polizei" des Stabes des Militärbefehlshabers in Frankreich wurde aufgelöst und seine Beamten in der Sipo-SD eingegliedert. Das Amt „Justiz" verlor jegliche Zuständigkeit in Angelegenheiten, die Sühnemaßnahmen betrafen. Die Sektion Ic, in Lyon von Major Kohlhaas geleitet,[74] musste unter anderem Kompetenzen in den Bereichen Sühnemaßnahmen, Sabotageakte und Attentate, sowie die Redaktion der Berichte zur „inneren Lage" der Sipo-SD überlassen.[75]

Der Höhere SS- und Polizeiführer war in der neubesetzten Zone nach dem Führer-Erlass vom 9. März 1943 „für alle Aufgaben zuständig, die dem Reichsführer-SS und Chef der Deutschen Polizei im Reichministerium des Innern [...] sowie als Reichskommissar für die Festigung deutschen Volkstums obliegen"[76]. Seine polizeilichen Aufgaben

> „umfassen insbesondere die Aufrechterhaltung der Sicherheit und Ordnung im neubesetzten Gebiet, die Bekämpfung und Verfolgung aller Handlungen, die gegen die Sicherheit der Besatzungstruppe gerichtet sind und die Verfolgung jeder sonstigen

---

71 Bernd Kasten, *„Gute Franzosen". Die französische Polizei und die deutsche Besatzungsmacht im besetzten Frankreich, 1940–1944*, Sigmaringen 1993, S. 25.
72 Mit den ersten Attentaten gegen Angehörige der deutschen Besatzungsmacht in den Jahren 1941–1942 kam es zu einem Konflikt zwischen dem Militärbefehlshaber in Frankreich und den Behörden in Berlin um die Frage der Geiselerschießungen als Repressalien in Frankreich.
73 Beate Husser (1997), S. 105; Jacques Delarue (1962), S. 280.
74 Jacques Natali (1975), S. 22.
75 Beate Husser (1997), S. 106; Gaël Eismann (2010), S. 375; AN, AJ 40/549, RW 35/617, Schreiben des MBF zur „Zusammenarbeit mit dem Höheren SS- und Polizeiführer in Frankreich", Paris, 29. Mai 1942. Zitiert nach Gaël Eismann (2010), S. 375.
76 BA Berlin, R 70/12, Oberbefehlshaber West, Oberkommando Heeresgruppe D, Betr.: Aufgaben und Befugnisse des Höheren SS- und Polizeiführers und der ihm unterstellten Dienststellen im neubesetzten Gebiet, 15. April 1943, S. 1.

deutsch-feindlichen Tätigkeit. Zu diesen Aufgaben gehört auch die entsprechende Berichterstattung über die politische Lage."[77]

Sein Zuständigkeitsbereich erstreckte sich also ab März 1943 auf das Heeresgebiet Südfrankreich.[78]

Zur Ausführung seiner Aufgaben setzte der Höhere SS- und Polizeiführer „Sicherheitspolizei (SD) und Ordnungspolizei-Einsatzkommandos ein [...], [die] dem Befehlshaber der Sicherheitspolizei und des SD bzw. dem Befehlshaber der Ordnungspolizei (Orpo) im Bereich des Militärbefehlshabers in Frankreich unmittelbar, dem Kommandanten des Heeresgebiets Südfrankreich dagegen territorial unterstellt"[79] waren.

Da Lyon bis November 1942 in der unbesetzten Zone lag, war offiziell nur die französische Polizei für die Bekämpfung von Widerstandsaktivitäten zuständig. Jedoch ließen sich Mitglieder der Sipo-SD schon vor der offiziellen Ankunft der deutschen Behörden im November im Rahmen der Mission Donar heimlich in der Gegend um Lyon nieder.[80] Zu dem Kommando gehörten neben der Sipo-SD auch Mitarbeiter der Abwehr und der Ordnungspolizei. Die Abwehr setzte hier ihre Abteilung IIIF Fu (Fahndungsfunk) ein, die für das Abhören durch Funkpeilung verantwortlich war. Sie wurde durch das Wehrmacht Nachrichten-Verbindung-Funk-Referat (W. N. V. Fu III), das über eine mobile Einheit verfügte, und durch die Abhör-Spezialisten der Ordnungspolizei unterstützt.[81] Statt die Vichy-Regierung darum zu bitten, die nötigen Maßnahmen zur Aushebung illegaler Funkstationen zu unternehmen, die von der Südzone aus der Kommunikation mit England

---

77 Ebd.
78 BA Berlin, R 70/12, Oberbefehlshaber West, Oberkommando Heeresgruppe D, Betr.: Aufgaben und Befugnisse des Höheren SS- und Polizeiführers und der ihm unterstellten Dienststellen im neubesetzten Gebiet, 6. März 1943, S. 1.
79 BA Berlin, R 70/12, Oberbefehlshaber West, Oberkommando Heeresgruppe D, Betr.: Aufgaben und Befugnisse des Höheren SS- und Polizeiführers und der ihm unterstellten Dienststellen im neubesetzten Gebiet, 6. März 1943, S. 1. „Der Höhere SS- und Polizeiführer erhält seine Weisungen: a) für die militärische Sicherung des neubesetzten Gebiets und für alle militärischen Operationen in diesem Gebiet durch Ob. West. b) Für die polizeiliche Tätigkeit und die Behandlung der ihm obliegenden Volkstumsfragen durch den Reichsführer-SS und Chef der Deutschen Polizei."
80 Jacques Delarue (1962), S. 384.
81 Ebd., S. 383–384.

dienten, schritt die deutsche Besatzungsmacht selbst ein und verletzte so die französische Souveränität. Ein 280 Mann starkes Kommando[82] überquerte am 28. September 1942 mit Hilfe falscher französischer Ausweisdokumente die Demarkationslinie. Die Operation wurde unter der Leitung von Boemelburg geführt, der von Dernbach, Funk-Spezialist und Oberhaupt der Abteilung IIIF der Abwehr in Saarbrücken, und von Schuster von der OrPo unterstützt wurde.[83] Die Kommando-Mitglieder waren in Lyon, Marseille und Montpellier in der Kurzwellenüberwachung (KWÜ) tätig.[84] Es gelang ihnen, in der Gegend um Lyon 15 bis 20 Funkposten auszuheben und sie im zweiten Teil der Mission, unter der Führung von Kopkow, im Funkspiel zur Desinformation der Widerständler in London zu nutzen.[85]

Die Mitglieder der Mission Donar blieben nach November 1942 in der neubesetzten Zone, und diejenigen, die in der Nähe von Lyon, in Charbonnières, tätig waren, wurden ins Einsatzkommando von Lyon eingegliedert.[86] Dort blieben sie vermutlich im Bereich der Kurzwellenüberwachung aktiv.[87] Lyon war eines der sechs Einsatzkommandos des Heeresgebiets Südfrankreich, mit Limoges, Vichy, Toulouse, Montpellier und Marseille.[88]

„Für jede Region des neubesetzten Gebietes wurde ein Sicherheitspolizei (SD)-Einsatzkommando und ein Einsatzkommando der Ordnungspolizei eingerichtet.

---

82 Ebd., S. 383–384. Davon 155 der Sicherheitspolizei, vgl. BA Berlin, NS 19/1927, Fernschreiben, Befehlshaber der Sicherheitspolizei und des SD, an Reichsführer SS, Betr.: SD-Einsatzkommandos im unbesetzten Gebiet, 12. November 1942.
83 Jacques Delarue (1962), S. 383–384.
84 AD Rhône, 3808 W 25, Synthese der deutschen Geheimdienste (1945), S. 5.
85 Jacques Delarue (1962), S. 384.
86 AD Rhône, 3808 W 25, Synthese der deutschen Geheimdienste (1945), S. 5.
87 Vgl. BA Berlin, NS 19/1927, Fernschreiben, Befehlshaber der Sicherheitspolizei und des SD, an Reichsführer SS, Betr.: SD-Einsatzkommandos im unbesetzten Gebiet, 12. November 1942: „Da zurzeit allein 155 Mann der Sicherheitspolizei bei dringend erforderlichen sonstigen Sonderaktionen im besetzten und unbesetzten Gebiet (Aktion Donar) eingesetzt sind, bitte ich dringend um Nachschub von 80 ausgesuchten Fachbeamten [...]."
88 AN, F/7/15142, Referatsbefehl Nr. 3, Abteilung IV A der Sipo-SD von Paris, 15. Dezember 1942. Insgesamt gibt es im ganzen besetzten Frankreich 17 Einsatzkommandos der Sipo-SD, unter der zentralen Leitung von Paris. Vgl. Jacques Delarue (1962), S. 388.

In sicherheitspolizei [sic] besonders wichtigen Orten der Regionen bestehen ausserdem Aussenstellen der Sicherheitspolizei (SD)-Einsatzkommandos."[89]

Das Einsatzkommando Lyon war für die *départements* Loire, Rhône, Isère, Ardèche, Ain, Drôme, Savoie und Haute-Savoie (für die drei letztgenannten, einen Teil von Ain und den Großteil von Isère erst ab dem Rückzug der italienischen Truppen im September 1943), sowie für die Gebiete des Jura und der Saône-et-Loire südlich der Demarkationslinie zuständig.[90] Außenstellen befanden sich ab dem 15. April 1943 in Gex und Saint-Étienne.[91] Die verschiedenen Quellen widersprechen sich bezüglich der Anzahl und Verortung der Außendienststellen. Es ist anzunehmen, dass die Außenstellen erst nach und nach während der Besatzungszeit eingerichtet wurden und einige nur auf dem Papier Bestand hatten. Das Einsatzkommando Lyon bekam den Titel eines Kommandos der Sicherheitspolizei und des SD (KdS)[92] und war, der „Synthese der deutschen Geheimdienste" nach, zum Sommer 1944 für fünf Außendienststellen zuständig: Lons-le-Saunier, Chambéry (mit einer Nebenstelle in Saint-Jean-de-Maurienne), Saint-Étienne, Grenoble und Valence. Zudem kam noch das Grenzpolizeikommissariat Annecy mit Nebenstellen in Annemasse und Chamonix, die sich zu einem späteren Zeitpunkt nach Cluses zurückzogen. Die Nebenstellen in Annemasse und Chamonix sowie

---

89 BA Berlin, R 70/12, Oberbefehlshaber West, Oberkommando Heeresgruppe D, Betr.: Aufgaben und Befugnisse des Höheren SS- und Polizeiführers und der ihm unterstellten Dienststellen im neubesetzten Gebiet, 15. April 1943, S. 2.
90 BA Ludwigsburg, B 162/5063, Strafverfolgung von NS-Verbrechern durch alliierte und ausländische Gerichtshöfe, Organisation des KdS Lyon, S. 104. Das KdS Lyon kontrollierte wohl die *départements* Drôme, Savoie und Haute-Savoie erst nach dem Waffenstillstand der Alliierten mit Italien und dem Rückzug der italienischen Armee im September 1943, da die Anlage eines Dokuments des Oberbefehlshabers West vom 15. April 1943, die eine Übersicht über die Zuständigkeitsbereiche der im neubesetzten Gebiet eingesetzten Dienststellen des Höheren SS- und Polizeiführers beinhaltet, für den KdS Lyon nur die *départements* Loire, Rhône, Isère und Ardèche und Ain nennt (zweigeteilt, im altbesetzten Gebiet von Dijon aus kontrolliert). Vgl. BA Berlin, R 70/12, Oberbefehlshaber West, Oberkommando Heeresgruppe D, Betr.: Aufgaben und Befugnisse des Höheren SS- und Polizeiführers und der ihm unterstellten Dienststellen im neubesetzten Gebiet, Anlage, 15. April 1943.
91 Ebd.
92 Jacques Delarue (1962), S. 388.

die in Saint-Jean-de-Maurienne fungierten als Grenzpolizeiposten. Durch den Kontakt mit dem deutschen Konsulat in Genf spielte die Dienststelle in Annecy eine wichtige Rolle. Zwei Außenkommandos wurden in Bourg und Privas eingerichtet.[93]

Das Einsatzkommando bestand aus sechs Ämtern, die die Organisation des Reichssicherheitshauptamts im deutschen Reich widerspiegelten. Neben dem ersten Amt für Personalfragen gab es die Polizei (Amt II), das Amt für wirtschaftliche Angelegenheiten (Amt III), die Gestapo als solche (Amt IV), verantwortlich für die Gegnerforschung- und Bekämpfung, die Kriminalpolizei (Amt V) und den Nachrichtendienst SD (Amt VI).[94] Die Außenkommandos und Außendienststellen hatten weniger Personal und deshalb eine vereinfachte Organisationsstruktur. Sie verfügten meistens nur über die Ämter I und IV, in manchen Fällen auch über Mitarbeiter des Amts VI.[95] Ein Einsatzkommando der Ordnungspolizei wurde dem Sipo-SD unterstellt, dessen Männer für die Sipo-SD zuständig waren.[96]

Ein Dienstbefehl des Amts VI B der Sipo-SD vom 15. Dezember 1942 in Paris benennt SS-Obersturmführer Fritz Hollert als ersten Verantwortlichen des Einsatzkommandos der Sicherheitspolizei und des SD in Lyon.[97] Hollert

---

93 AD Rhône, 3808 W 25, Synthese der deutschen Geheimdienste (1945), S. 4; BA Ludwigsburg B 162/5063, Strafverfolgung von NS-Verbrechern durch alliierte und ausländische Gerichtshöfe, Organisation des KdS Lyon, S. 104. Beide Quellen sind sich über die Außenkommandos des KdS Lyon nicht einig. Es scheint, als ob Lons-le-Saunier durch die „Synthese der deutschen Geheimdienste" den Status eines Außenkommandos erhielt, obwohl die Stadt eigentlich nur über eine Außendienststelle verfügt hätte. Die Grenzpolizeiposten Chamonix, Annemasse und Saint-Jean-de-Maurienne werden nur in der „Synthese der deutschen Geheimdienste in der Gegend von Lyon" erwähnt.
94 Beate Husser (1997), S. 107; Heinz Boberach, „Reichssicherheitshauptamt", in: Wolfgang Benz, Hermann Graml, Hermann Weiß (Hrsg.) (2007), S. 756–757; F/7/15142, Geschäftsverteilungsplan des Befehlshabers der Sicherheitspolizei und des SD Helmut Knochen, Stand vom 20. Februar 1944; AD Rhône, 3808 W 25, Synthese der deutschen Geheimdienste (1945), Ämter der Sipo-SD von Lyon, S. 4–6.
95 AD Rhône, 3808 W 25, Synthese der deutschen Geheimdienste (1945), S. 7.
96 BA-MA, RH 34/260, Kommandanturbefehl Nr. 113, Platzkommandantur Lyon, Hauptverbindungsstab 590, Lyon, 15. Oktober 1943; Jacques Natali (1975), S. 25.
97 AN, F/7/15142, Referatsbefehl Nr. 3, Abteilung IV A der Sipo-SD von Paris, 15. Dezember 1942, S. 2.

trug jedoch nicht den Titel eines Kommandeurs der Sipo-SD, sondern nur den eines Leiters. Als späterer Vertreter Werner Knabs war Hollert wohl nur vorübergehend, während der Aufstellung des Einsatzkommandos in Lyon als Leiter eingesetzt worden. Der eigentliche erste Kommandeur der Sipo-SD, Werner Rolf Mühler, wurde bereits im Frühjahr 1943 nach Marseille versetzt, wo er denselben Posten innehatte.[98] Obersturmbannführer Werner Knab blieb am längsten, bis zum Abzug der Deutschen aus Lyon im Sommer 1944, als Kommandeur der Sipo-SD in Lyon tätig. Er war zuvor von 1941 bis 1943 mit der Einsatzgruppe C in der Ukraine gewesen und hatte anschließend als Leiter des Amtes IV beim Befehlshaber der Sicherheitspolizei und des SD in Kiev gearbeitet.[99] Seine Karriere innerhalb der Sipo-SD im Osten sowie in Lyon wird in einem späteren Teil der Arbeit im Kontext der „Bandenbekämpfung" ausführlicher erläutert.

Wie andere Behörden der Sipo-SD oder der Militärverwaltung im besetzten Frankreich verfügte das Einsatzkommando Lyon nur über eine sehr überschaubare Anzahl von Mitarbeitern. Jacques Natali schätzt, dass sich das Personal im Dezember 1942 auf ungefähr 40 Personen belief. Im Laufe des Jahres 1943 sei das Kommando der Sipo-SD dann auf rund 200 Angestellte angewachsen.[100] Die von der Dienststelle für die Auffindung von feindlichen Kriegsverbrechen ausgearbeiteten Personallisten der „Synthese der deutschen Geheimdienste", beziffern die Personalstärke auf 115, einschließlich Stabshelferinnen und sonstigen Hilfskräften (Chauffeurs, Dolmetscher usw.), aber exklusive der französischen Hilfskräfte.[101] Ein Dokument der Zentralen Stelle zur Aufklärung nationalsozialistischer Verbrechen in Ludwigsburg erwähnt für die Jahre 1943–1944, mit Angabe zu ihrer eventuellen Verurteilung durch ein französisches Gericht, nur 38 Angehörige des Kommandos der Sipo-SD Lyon.[102] Die ausführlichere Liste der „Synthese der deutschen Geheimdienste in der Gegend von Lyon während der Besatzung" unterscheidet zwischen Männern mit einem SS-Grad

---

98 Gérard Chauvy (1993), S. 241.
99 Bernd Kasten (1993), S. 209; 247.
100 Vgl. Jacques Natali (1975), S. 24.
101 AD Rhône, 3808 W 25, Synthese der deutschen Geheimdienste (1945).
102 BA Ludwigsburg, B 162/5063, Strafverfolgung von NS-Verbrechern durch alliierte und ausländische Gerichtshöfe, Angehörige des KdS Lyon in den Jahren 1943/44, S. 105–117.

und ‚einfachen' Angestellten. Die Anzahl der ersteren beläuft sich auf 81 Mann. Jedoch muss auch hier zwischen SS-Angehörigen und sonstige Polizisten oder Angehörigen von militärischen Einheiten unterschieden werden, die einen ihrem Polizeidienstgrad entsprechenden SS-Rang erhielten.[103] Der Karriereverlauf einzelner Sipo-SD-Angehöriger wird in einem späteren Teil der Arbeit analysiert.

Das Kommando der Sipo-SD in Lyon unterstand dem Höheren SS- und Polizeiführer bzw. dem Befehlshaber der Ordnungspolizei unmittelbar, dem Kommandanten des Heeresgebiets Südfrankreich jedoch nur territorial,[104] wobei die Verpflichtung zur Zusammenarbeit mit diesem bestand:

> „Ungeachtet der Unterstellung des Höheren SS- und Polizeiführers unter dem Ob-West haben sich die Dienststellen des Kommandanten des Heeresgebiets Südfrankreich und des Höheren SS- und Polizeiführers bei der Bearbeitung von Angelegenheiten, welche die beiderseitigen Arbeitsgebiete berühren, unmittelbar zu beteiligen."[105]

Zu diesem Zweck wurde der Oberstleutnant der Schutzpolizei von Schweinichen als Verbindungsoffizier des Höheren SS- und Polizeiführers zum Kommandant des Heeresgebiets Südfrankreich in Lyon eingesetzt.[106]

Neben dem in die verschiedenen Ämter eingegliederten Sipo-SD Personal waren in Lyon und Umgebung darüber hinaus verschiedene Sonderkommandos aktiv, die gegen bestimmte ‚feindliche' Gruppen vorgingen oder bei einzelnen Operationen dem Sipo-SD Lyon zur Verfügung standen. Das erste Sonderkommando, das bereits im September 1942 in die Südzone eindrang, setzte die Arbeit bei der Kurzwellenüberwachung fort. Ein weiteres Kommando bekämpfte die Freimaurer und war, laut der „Synthese der deutschen Geheimdienste", direkt dem Einsatzstab des Reichsleiters Rosenberg

---

103 Jürgen Matthäus, „Sicherheitspolizei", in: Wolfgang Benz; Hermann Graml, Hermann Weiß (Hrsg.) (2007), S. 793–794.
104 BA Berlin, R 70/12, Oberbefehlshaber West, Oberkommando Heeresgruppe D, Betr.: Aufgaben und Befugnisse des Höheren SS- und Polizeiführers und der ihm unterstellten Dienststellen im neubesetzten Gebiet, 6. März 1943, S. 1.
105 BA Berlin, R 70/12, Oberbefehlshaber West, Oberkommando Heeresgruppe D, Betr.: Aufgaben und Befugnisse des Höheren SS- und Polizeiführers und der ihm unterstellten Dienststellen im neubesetzten Gebiet, 15. April 1943, S. 2.
106 Ebd.

unterstellt. Das Kommando arbeitete Hand in Hand mit dem französischen Organ zur Bekämpfung der Freimaurer, dem *„Service des Sociétés secrètes"* („Dienststelle für Geheimgesellschaften"). Das Sonderkommando IV E (Deckname „Jerzy-Fichte") kam im Frühjahr von Warschau nach Lyon, um einen polnisch-englisch-französischen Geheimdienst zu zerschlagen. Seine Rolle im Massaker von Lyon-Bron wird später ausführlich dargestellt.[107]

Diese komplexe Organisationsstruktur der verschiedenen deutschen Polizeidienste wurde schon während der Besatzungszeit und in den folgenden Jahrzehnten vereinfacht unter der Synekdoche „Gestapo" zusammengefasst. Die Angehörigen der Sipo-SD im Ausland trugen das Zeichen des SD auf ihrer Uniform, weshalb die Wehrmacht sie mit der Abkürzung SD bezeichnete.[108] Dies könnte eine Erklärung für die große Verwirrung sein, mit der französische Quellen die Behörde abwechselnd als „Gestapo", „SD" und „Sipo-SD" bezeichnen. Diese Dienststellen wurden durch andere deutsche Behörden in ihren repressiven Maßnahmen unterstützt.

1.1.3 Weitere deutsche Behörden im Dienst der „Aufrechthaltung der Sicherheit und Ordnung"

Wegen des Personalmangels, unter dem die Sipo-SD ebenso wie die anderen deutschen Behörden in Frankreich litt, griff man im Kampf gegen „Terrorismus" und „deutschfeindliche" Aktionen auf andere Besatzungseinheiten wie die militärische Feldgendarmerie zurück. Einige militärische Polizeieinheiten wie die Geheime Feldpolizei oder die Grenzpolizei wurden im Rahmen der Einsetzung des Höheren SS- und Polizeiführers in die Sipo-SD eingegliedert.[109] Die Feldgendarmerie verblieb jedoch unter der Kontrolle

---

107 BA Ludwigsburg, B 162/6298, Hessisches Landeskriminalamt, Abt. V / Sonderkommissariat, Wiesbaden, Bericht, Betr.: Tätigkeit des Sonderkommandos IV E des RHSA beim KdS Warschau, 18. September 1963; Ahlrich Meyer, *Täter im Verhör. Die „Endlösung der Judenfrage" in Frankreich 1940–1944*, Darmstadt 2005, S. 218.

108 Heinz Boberach, „Sicherheitsdienst (SD)", in: Wolfgang Benz, Hermann Graml, Hermann Weiß (Hrsg.) (2007), S. 793–794.

109 Jean-Luc Leleu, „Police de sécurité et SD", in: Jean-Luc Leleu, Françoise Passera, Jean Quellien (Hrsg.) (2010), S. 66; AN, AJ 40/449, Schreiben des MBF, Betr.: Zusammenarbeit mit dem Höheren SS- und Polizeiführer; hier: Übergang der polizeilichen Exekutive, Paris, 29. Mai 1942, S. 1–2.

des Militärbefehlshabers in Frankreich und damit des Militärs. Sie war dazu verpflichtet, den Kommandos der Sipo-SD „Amtshilfe" zu leisten:

> „Alle Dienststellen des Militärbefehlshabers in Frankreich haben auf Anforderung dem Höheren SS- und Polizeiführer und seinen Dienststellen bei der Durchführung der ihnen obliegenden Aufgaben, insbesondere durch die ihnen unterstehende Feldgendarmerie, Amtshilfe zu leisten."[110]

Die Feldgendarmerie war dafür zuständig, die Ordnung aufrechtzuerhalten und die Sicherheit des Kommandanten des Heeresgebiets Südfrankreich zu gewährleisten. Auch nach der Ernennung des Höheren SS- und Polizeiführers verblieben einige Sicherheitsbereiche in der Zuständigkeit der Militärverwaltung.

> „Es liegt [...] im sachlichen Interesse, vor allem auch der militärischen Dienststellen, dass die rein örtlichen Angelegenheiten, wie z. B. die Überwachung der Sperr- und Polizeistunde für die Zivilbevölkerung u.ä., weiterhin von den ortsnahen Dienststellen der Militärverwaltung wahrgenommen werden [...]."[111]

Zur Feldgendarmerie gehörten die Verkehrspolizei, die Verwaltungspolizei und die Sicherheitspolizei. Sie hatte von allen deutschen Polizeieinheiten das meiste Personal: Ende 1941 waren im besetzten Frankreich 6 000 Feldgendarmen tätig. Aber auch die Feldgendarmerie war vom chronischen Personalmangel der deutschen Besatzungskräfte betroffen.[112] In Lyon waren zwei Gruppen der Feldgendarmerie stationiert. Eine Einheit zählte 12, der

---

110 Ebd., S. 2.
111 AN, F/7/15142, Schreiben des MBF, Betr.: Übergang von Aufgaben der Militärverwaltung an den Höheren SS- und Polizeiführer, Paris, 8. August 1942, S. 2. Zu diesen Aufgaben gehörten u. a. die Umsetzung der Verordnung über die Meldepflicht reichsdeutscher Zivilpersonen im besetzten Gebiet Frankreichs, die Ausstellung der Ausweise zur Einreise in die Küstensperrzone und die Erlaubnis zum Fotografieren außerhalb geschlossener Räume.
112 Bernd Kasten (1993), S. 18–19.

teilmotorisierte Feldgendarmerietrupp d 976[113] 27 Männer.[114] Das Fehlen von Berichten der Feldgendarmerie in Lyon macht es schwierig, mehr Details über ihre Zusammenstellung und ihre täglichen Aufgaben zu erhalten.[115] Da sie nicht genügend Personal hatte, um die ganze Fläche der Region Lyon abzudecken, griff man auf die Sipo-SD und die Unterstützung durch die französische Polizei zurück.[116]

„Es ist unmöglich, dass G.F.P. [Geheime Feldpolizei] und Feldgendarmerie mit ihren schwachen Kräften das ihnen übertragene polizeiliche Gebiet so wahrnehmen, wie dies sachlich notwendig wäre."[117]

In einem Monatsbericht des Arbeitseinsatzstabes Lyon für die Zeit vom 1. bis zum 30. März 1944 wird beklagt, dass „die Feldgendarmerie zahlenmäßig noch zu gering [war], um für Aufgaben im Rahmen des Arbeitseinsatzes tätig zu werden. Es stehen für Lyon und Dep. Rhône nur zwei Einheiten in Größe von je einem Trupp zu Verfügung."[118] Wie andere militärische Einheiten war auch die Feldgendarmerie ab 1944 stärker in den „Kampf

---

113 BA-MA, RH 36/28, Stammtafel Verbindungsstab/Feldkommandantur 987, Stammtafel des Feldgendarmerietrupps d 976. Geheim! [o. D.]: „Am 22.12.42 aufgestellt als Felgend.-Gruppe beim Verb.-Stab 987, Kriegsgliederungsmässige Zugehörigkeit (Div., Korps oder Heerestr.): Kdt HG SF, Aufgestellt oder umgegliedert durch W.K.: OKH/GenStdH Gen./Qu./Höh. Feldg.-Offz., Ersatzstellender Truppenteil und W.K.: Feldgend. Ersatz Abteilung Litzmannstadt W.K.XXI., Am 23.3.1943 umgegliedert in Feldgend.-Trupp d 976 beim Verb. Stab 987, Kriegsgliederungsmässige Zugehörigkeit (Div., Korps oder Heerestr.): Kdt HG SF, Aufgestellt oder umgegliedert durch W.K.: OKH/GenStdH Org. Abt. (II), Ersatzstellender Truppenteil und W.K.: Feldgend. Ersatz Abteilung Litzmannstadt W.K.XXI."
114 Die Angaben entsprechen der theoretischen Stärke am 15. Januar 1943.
115 Peter Lieb bemerkt den Mangel an einer wissenschaftlichen Arbeit zur Feldgendarmerie, der „womöglich [an] der schlechten Quellenlage" liegt. Peter Lieb (2007), S. 60.
116 Bernd Kasten (1993), S. 19.
117 BA Berlin, R/70/13, Die Aufgaben der Verwaltungsaufsicht über die französische Polizei, Auszug aus dem mit Erlass vom 28. Februar 1941 – V pol 220 – übersandten Referat [o. D.], S. 6.
118 AN AJ 40/969, Arbeitseinsatzstab Lyon, Monatsbericht für die Zeit vom 1. bis zum 30. März 1944, April 1944, S. 4.

gegen den Terror" eingebunden. Als Beispiel kann die Operation „Kaporal" gegen den *maquis* im Februar 1944 gelten.[119]

Im Alltag waren die Feldgendarmen „neben dem Truppendienst und der Arbeit für die Kriegsgerichte auch noch [für den] Streifendienst, Personenkontrollen, Überwachung der Einhaltung von Verdunkelungsvorschriften, Untersuchung von Verkehrsunfällen, Bekämpfung des Schwarzmarktes und vieles anderes mehr"[120] zuständig. Neben diesen Aufgaben, die im Tätigkeitsbereich der Militärverwaltung verblieben, war die Feldgendarmerie im Rahmen der Repression und der „Endlösung der Judenfrage" aber durchaus auch für die Überwachung von Deportationszügen und die Verfolgung von Juden und Widerständlern zuständig.[121] Sie spielte als ‚Fachkraft' in der Bekämpfung der französischen *Résistance* eine Schlüsselrolle in der Repressionspolitik.[122] Die Feldgendarmen konnten auch für die Abführung von im Arbeitseinsatz des „STO"[123] eingesetzten Franzosen benutzt werden, doch in Lyon und im *département* Rhône mangelte es laut Bericht des Arbeitseinsatzstabes an dafür notwendigem Personal.[124]

Außer den Vertretern der Militärverwaltung (Stab des Kommandanten des Heeresgebiets Südfrankreich, Haupt- und Verbindungsstab sowie Platzkommandantur) waren auch verschiedene Einheiten der Wehrmacht in

---

119 Ahlrich Meyer (2002), S. 163; Peter Lieb, „Wehrmacht, Waffen-SS et Sipo-SD: La répression en France 1943–1944" (2007), S. 3.
120 Bernd Kasten (1993), S. 18. Der Autor zitiert folgende Quelle: MA RW 35/1201 bis 1217, Militärverwaltungsbezirk A, Bericht des Stabsoffiziers der Feldgendarmerie; vgl. auch AN, AJ 40/880, MBF, Kommandostab, Ia, Az 46v. (21. April 1941) betr. „Aufgaben der Feldgendarmerie; und auf unterer Ebene die Berichte des Feldgendarmerietrupps 706 (Vitry-le-François), MA RH 36/188 bis 190 (1942).
121 Jean-Luc Leleu, „La Feldgendarmerie", in: Jean-Luc Leleu, Françoise Passera, Jean Quellien (Hrsg.) (2010), S. 62–63.
122 Vgl. Peter Lieb (2007), S. 61.
123 „*Service de Travail Obligatoire*", Zwangsarbeitsdienst, der ab Februar 1943 durch die Laval-Regierung eingesetzt wurde. Vgl. Jean-Pierre Azéma, „Le régime de Vichy", in: Jean-Pierre Azéma, François Bédarida (Hrsg.), *La France des années noires*, Bd. 1, Paris 2000 [1993], S. 378.
124 AN AJ 40/969, Arbeitseinsatzstab Lyon, Monatsbericht für die Zeit vom 1. bis zum 30. März 1944, April 1944, S. 4.

Lyon anwesend.[125] Ihre Zusammenstellung unterschied sich deutlich von der der militärischen Verwaltungsbehörden. Diese hatten meist den Grad eines Offiziers oder Unteroffiziers, kamen aus bürgerlicher Herkunft und verfügten über genügend Bildung, um eine Schreibmaschine o.ä. zu betätigen. Bei den einfachen Landesschützen dagegen beklagte die Propagandastaffel das niedrige Kultur- und Bildungsniveau.[126]

Lyon war sowohl ein Ausbildungszentrum für junge Rekruten als auch ein Stationierungsort für ältere Soldaten über 40. Die dort präsenten Einheiten waren vor allem Besatzungstruppen und unterschieden sich so von den Kampftruppen, die in der Provence und an der Pyrenäengrenze stationiert waren, wo die deutschen Besatzungsbehörden ein militärisches Eingreifen der Alliierten befürchteten. Die erste Wehrmachtseinheit, die sich nach der Besetzung der Südzone in der Nacht vom 23. auf den 24. November 1942 in Lyon niederließ, war das 751. Infanterieregiment der 326. Division. Seine zwölf Kompanien wurden in den Kasernen der französischen Waffenstillstandsarmee einquartiert, die nach der völligen Besetzung Frankreichs aufgelöst wurde[127]. Dieses Infanterieregiment blieb nur bis zur Ankunft der Einheiten der 159. Division im Februar 1943 in Lyon und wurde dann in den Süden verlegt.[128] Die 159. Division setzte sich größtenteils nicht aus „Reichsdeutschen" zusammen, sondern enthielt eine große Zahl Luxemburger, Elsässer und Lothringer (die *„malgré-nous"*, die für Wehrmachts- bzw. Waffen-SS-Einheiten zwangsrekrutiert wurden) sowie Polen. Aufgrund der ethnischen Zusammensetzung der Division sah der SS-Standartenführer With vom Stab des Sonderbeauftragten des Führers die Gefahr einer „Berührung" der Soldaten mit Bergwerkarbeitern derselben Herkunft gegeben

---

125 Für eine ausführliche Studie zu den Wehrmachtseinheiten, die während des Krieges in Lyon stationiert waren, siehe die Magisterarbeit von Jacques Natali (1975).
126 Ebd, S. 40.
127 Die französische „armée d'armistice" („Waffenstillstandsarmee") wurde am 27. November aufgelöst. Vgl. Raymond Aubrac, „Aspects militaires de la Résistance", in: Jean-Pierre Azéma, François Bédarida, Robert Frank (Hrsg.) (1994), S. 28.
128 Jacques Natali (1975), S. 29–32.

und forderte „aus sicherheitspolizeilichen und Abwehr-Gründen" ihre Verlegung in eine andere Region Frankreichs:[129]

> „Im territorialen Bereich des Hauptverbindungstabes Lyon befinden sich in den Bergwerkgebieten zahlenmässig ziemlich starke Volkssplitter polnischer, lothringer und elsässischer Arbeiter. Aus sicherheitspolizeilichen und Abwehr-Gründen erscheint es dringend geboten, die 159. Division aus diesem Raum herauszunehmen und vielleicht in die Normandie oder Bretagne zu verlegen, wo eine Berührung der Angehörigen der Volksliste 3 mit gleichstämmiger Bevölkerung nicht in Betracht kommt."[130]

Infolge der alliierten Landung in Sizilien wurden 1943 Truppenkontingente nach Süden verlegt, aufgelöst und neu aufgestellt, um die dortigen Verluste auszugleichen.[131] In diesem Kontext der Truppenverschiebungen innerhalb Frankreichs sah der SS-Standartenführer With nicht die Notwendigkeit, auch die 159. Division zu verschieben.[132] Erst im Januar 1944 wurde sie nach Nordfrankreich beordert.[133] Man kann sich fragen, warum der Reichsführer-SS und der Höhere SS- und Polizeiführer sich mit militärischen Fragen wie Truppenverschiebungen befasst haben. Möglicherweise fiel dieser Fall in den Bereich des „Volkstums" oder der „Rassenfrage", was als „sicherheitspolizeiliches Problem" verstanden wurde, das durchaus im Kompetenzbereich der SS lag.

Ende Dezember 1942 wurde das 4. Bataillon des Sicherungsregiments 200 dem Kommandanten des Heeresgebiets Südfrankreich zur Verfügung gestellt.[134] Durch Zeugenaussagen ehemaliger Angehöriger dieses Regiment ist es möglich, Details über seine alltäglichen Aufgaben zu bekommen, was

---

129 BA Berlin, NS 19/957, Aktenvermerk, SS-Standartenführer With an General der Infanterie von Unruh, Nancy, 18. Juli 1943.
130 Ebd.
131 Ebd.; Jacques Natali (1975), S. 33.
132 BA Berlin, NS 19/957, Schreiben des SS-Standartenführer With, Stab des Sonderbeauftragten des Führers, an den SS-Obersturmführer Dr. Brandt, Feldkommandostelle des Reichsführers-SS, Betr.: Verlegung der 159. Division von Lyon nach Nordfrankreich, Berlin, 24. August 1943.
133 BA Berlin, NS 19/957, Der Höhere SS- und Polizeiführer im Bereich des MBF, an den Reichsführer-SS, Feldkommandostelle, Betr.: Verlegung der 159. Division nach Nordfrankreich, Paris, 31. Januar 1944.
134 Jacques Natali (1975), S. 30.

bei manch anderen Einheiten wegen der Quellenlage schwierig ist.[135] Es ist dabei natürlich zu berücksichtigen, dass diese Aussagen Jahre nach den Geschehnissen gemacht worden sind[136] und die Befragten eventuell auch Strategien der Selbstentlastung[137] verfolgten. Ahlrich Meyer warnt vor dem Versuch, historische Fakten mit Hilfe dieser Aussagen zu rekonstruieren, zumal „für Frankreich [...] die Materiallage vergleichsweise sehr günstig" sei.[138] Für den Fall Lyon gestaltet sich die Quellenlage dagegen besonders schwierig, da unter anderem die Berichte der Feldgendarmerietrupps fehlen und der Großteil der Dokumente der Sipo-SD höchstwahrscheinlich bei einem alliierten Bombenangriff am 26. Mai 1944 zerstört wurde. Persönliche Berichte bieten deshalb die Möglichkeit, „Details dienstlich-organisatorischer Art"[139] zu erhalten. In Lyon waren mehrere Kompanien des Sicherheitsregiments 200 stationiert, darunter ab Ende 1943 die 11. Kompanie, deren Angehörige als Wach- und Exekutionskommandos oder als Fahrer bei Einsätzen gegen Widerstandskämpfer eingesetzt wurden.[140]

Die restlichen Truppeneinheiten in Lyon zählten zwischen 4 000 und 5 000 Mann, darunter zwei Reservebataillons und ein Infanterieregiment.[141] Sie wurden bis 1943 vor allem auf einen möglichen Kampfeinsatz gegen die Alliierten vorbereitet, standen jedoch, vor allem ab 1943–1944, auch für die „Bandenbekämpfung" bereit.[142] Der Unterstab des Verbindungsstabs

---

135 Diese Zeugenaussagen sind in den Beständen der Zentralen Stelle zur Aufklärung nationalsozialistischer Verbrechen in Ludwigsburg aufbewahrt.
136 In diesem Fall 1965. Vgl. BA Ludwigsburg, B 162/3396, Hessisches Landeskriminalamt, Betr.: Ermittlungsverfahren gegen a) SK IV E des RSHA beim KdS Lyon b) KdS Lyon – Klaus Barbie u. a., Vernehmungen von ehemaligen Landesschützen des Sicherungsregiments 200.
137 Vgl. Ahlrich Meyer (2005), Kapitel VII.
138 Ebd., S. 300.
139 Ebd.
140 BA Ludwigsburg, B 162/3396, Hessisches Landeskriminalamt, Vernehmungen von Heribert Wingendorf, Freudenberg, 6. Oktober 1965; Hilarius Limbach, Asbach, 7. Oktober 1965; Paul Weber, Hamm/Sieg, 12. Oktober 1965, ehemalige Landesschützen des Sicherungsregiments 200.
141 Für eine ausführliche Liste der Wehrmachtseinheiten in Lyon siehe Jacques Natali (1975), S. 34–35.
142 Ebd., S. 37.

987 wurde zum Beispiel im April 1944 im Kampf gegen „Banden" und Sabotageakte geschult.[143]

Auch die Justiz kam in die Hände der militärischen Besatzungsbehörden. In Lyon wurden zwei deutsche Militärgerichtshöfe angesiedelt. Leider sind sämtliche Quellen dieser Gerichtshöfe verloren gegangen. Daher ist es schwierig, ihren Einfluss auf die deutsche Repressionspolitik in Lyon einzuschätzen. Ein Schreiben des Bataillonchefs Perrot aus den Quellen der Dienststelle für die Auffindung von feindlichen Kriegsverbrechen beschreibt die Zuständigkeiten und Arbeitsweise der Gerichtshöfe. Einer war unter der Zuständigkeit des Kommandanten des Heeresgebiets Südfrankreich, der zweite unter der Zuständigkeit des Kommandanten des Hauptverbindungsstabs, wobei die meisten Fälle vom Gerichtshof des Kommandanten des Heeresgebiets Südfrankreich entschieden wurden.[144] Wie im restlichen besetzten Frankreich befanden sich die deutschen Gerichtshöfe auf den drei Ebenen der militärischen Verwaltungsbehörden: die des Militärbefehlshabers in Frankreich, der militärischen Bezirke und der regionalen Dienststellen.[145] Nach der Besetzung der Südzone blieb die französische Souveränität im Prinzip bestehen, auch die der französischen Justiz. Ende 1943 jedoch wurde die deutsche Jurisdiktion durch das Oberkommando der Wehrmacht auch auf die neu besetzte Zone ausgedehnt. Französische Zivilisten, die Überfälle gegen die Wehrmacht verübten, oblagen dem Gerichtshof des Kommandanten des Heeresgebiets Südfrankreich und so dem Militärbefehlshaber in Frankreich. Perrot zufolge hatten die französischen Behörden keine Eingriffsbefugnis in den gefällten Urteilen und wurden nur bei Todesurteilen informiert. Die Präfekturen bekamen „Hinrichtungsbescheide",

---

143 BA-MA, RH 36/399, Verbindungsstab 987, Dienstplan für den Unterstab des Verbindungsstabes 987 des 29. März 1944 für die Zeit vom 1. April bis zum 15. April 1944.

144 AD Rhône, 3808 W 25, Akte „Korrespondenz", Brief des Bataillonchefs Perrot an den Oberstleutnant der Dienststelle für die militärische Sicherheit der 14. Region, in Antwort auf einen Brief des 11. Januar 1945, die Aktivität der deutschen militärischen Gerichtshöfe während der Besatzungszeit betreffend, Lyon, S. 1–2.

145 Gaël Eismann, „L'escalade d'une répression à visage légal. Les pratiques judiciaires des tribunaux du MBF, 1940–1944", in: Gaël Eismann, Stefan Martens (Hrsg.) (2007), S. 134.

jedoch nach der Vollstreckung des Urteils. Erst nach Zustimmung des Militärbefehlshabers in Frankreich waren diese Bescheide gültig. Verurteilte Franzosen durften außerdem nicht von französischen Anwälten verteidigt werden.

Wie Gaël Eismann zeigt, spielten die militärischen Gerichtshöfe auch nach der Einsetzung eines Höheren SS- und Polizeiführers weiterhin eine wichtige Rolle bei der Repression. Ihr Einfluss wurde jedoch durch mehrere Maßnahmen aus Berlin relativiert: am 12. April 1943 erlaubte der Befehlshaber der Sipo-SD den lokalen Kommandos der Sipo-SD, französische Zivilisten der militärischen Gerichtsbarkeit zu entziehen, wenn das Risiko bestand, dass diese sie nicht streng genug verurteilen würde. Am 1. Juli 1944 befahl das Oberkommando der Wehrmacht, dass die Verursacher von „Sabotage" oder „Terroranschlägen" nicht durch Militärgerichtshöfe verurteilt werden sollten. Hitler selber ordnete an, dass „Terroristen" sofort hinzurichten, wenn sie auf frischer Tat ertappt wurden, oder der nächsten Sipo-SD-Dienststelle hinzuführen seien.[146]

Nach der Vollstreckung eines Todesurteils wurden die Hinrichtungsorte und Begräbnisstätten zur Wahrung der „öffentlichen Ruhe" und aus Gründen der „militärischen Sicherheit" den französischen Behörden nicht bekanntgegeben. Zwischen November 1943 und Juni 1944 intervenierte der Regionalpräfekt in Lyon beim Kommandanten des Heeresgebiets Südfrankreich und dem Militärbefehlshaber in Frankreich vergeblich, um französische Zivilisten durch französische Anwälte verteidigen zu lassen, Urteile der Gerichtshöfe noch vor den Hinrichtungen sowie Informationen zu den Hinrichtungsorten und Begräbnisstätten zu bekommen.[147] Nach Zeugenaussagen ehemaliger Gefangener des Montluc-Gefängnisses war der Gerichtshof noch bis in den Frühling 1944 aktiv, laut Bruno Permezel bis zur Landung in der Normandie. Die deutschen Militärgerichtshöfe

---

146 Gaël Eismann, „L'escalade d'une répression à visage légal. Les pratiques judiciaires des tribunaux du MBF, 1940–1944", in: Gaël Eismann, Stefan Martens (Hrsg.) (2007), S. 156–157.

147 AD Rhône, 3808 W 25, Akte „Korrespondenz", Brief des Bataillonchefs Perrot an den Oberstleutnant der Dienststelle für die militärische Sicherheit der 14. Region, in Antwort auf einen Brief vom 11. Januar 1945, die Aktivität der deutschen militärischen Gerichtshöfe während der Besatzungszeit betreffend, Lyon, S. 1–2.

waren besonders gefürchtet, da Widerständler immer zum Tode verurteilt wurden.[148]

Das Gefängnis Montluc fungierte als Haftanstalt für die ideologischen Feinde der Besatzer sowie als ‚Geiselreserve' für die Lyoner Sipo-SD. André Pédron, ehemaliger Gefangener, gab in einer Zeugenaussage an, dass er „von der Angst vor dem militärischen Gerichtshof oder der Erschießung, die nach einem Attentat immer erdenklich war [...], befreit werden wollte"[149].
Ab November 1942 kam das Gefängnis unter deutsche Verwaltung. Die Gefangenen waren vermeintliche Widerständler und Juden, aber auch Personen, die gegen Gesetze des Vichy-Regimes oder der deutschen Besatzer verstießen, zum Beispiel durch Schwarzhandel. Das genaue Datum, an dem die Haftanstalt beschlagnahmt wurde, ist heute nicht mehr bekannt.[150] Deutsche Quellen zum Gefängnis sind nicht mehr vorhanden. Die französischen Behörden hatten ab dem Zeitpunkt der deutschen Übernahme kein Mitspracherecht mehr, die französische Gesetzgebung zu Haftanstalten wurde außer Kraft gesetzt. Auch wenn Montluc in der Lyoner Bevölkerung als „Gefängnis der Gestapo" bekannt wurde,[151] war für die Verwaltung des Gefängnisses die Wehrmacht verantwortlich. Der Direktor war ein Kommandant, Offiziere und Unteroffiziere bildeten das Personal, letztere als Wächter.[152] Die Haftanstalt arbeitete jedoch mit der Sipo-SD eng zusammen,

---

148 Bruno Permezel (Hrsg.), *Montluc. Antichambre de l'inconnu (1942–1944)*, Lyon 1999, Zeugenaussagen von Robert Ploton und André Pédron, S. 12; 94; 101.
149 Ebd., S. 101.
150 Es werden November 1942, Januar 1943 bzw. der 17. Februar 1943 als mögliche Daten angegeben. Vgl. Marcel Ruby, *Le prix de la victoire*, Lyon 1989, S. 60, zitiert nach Claire Vieillard, *Montluc: la prison allemande de Lyon (Novembre 1942-Août 1944)*, Magisterarbeit, Université Lumière-Lyon II, Juni 2002, S. 41; CHRD, Bestand des Vereins der Überlebenden von Montluc, Dokumentation Lyon und Rhône-Alpes, „Prison de Montluc: un nouveau lieu de mémoire", Bibliothèque municipale de Lyon, 30. September 2010, <http://bm-lyon.fr/index.htm>, [01.05.2011].
151 Raymond Léculier, *À Montluc, prisonnier de la Gestapo : souvenirs de Raymond Léculier, 25 novembre 1943 – 25 août 1944*, recueillis par Alice Joly, Lyon 2006; Émile-Florent Terroine, *Dans les geôles de la Gestapo : souvenirs de la prison de Montluc*, Lyon 1944.
152 Claire Vieillard (2002), S. 51.

da diese die meisten Gefangenen verhaftet hatte und sie anschließend im Sitz der Sipo-SD vernahm. Insgesamt wurden zwischen dem 11. November 1942 und dem 24. August 1944 7 731 Franzosen und Ausländer in Montluc inhaftiert, davon wurden 622 erschossen, 2 565 deportiert (davon kamen 840 zurück), 2 104 wurden wohl wieder freigelassen und bei 2 440 ist nichts Näheres bekannt.[153] Die Gefangenen wurden tagsüber zum Sitz des Sipo-SD gebracht, um vernommen zu werden. Dort wurden sie gefoltert und manchmal sogar hingerichtet. Als Vergeltungsmaßnahmen nach Attentaten der *Résistance* wurden Montluc-Insassen standrechtlich erschossen. Ein ehemaliger Gefangener, Henri Malartre, beschreibt die Selektion folgendermaßen:

> „[…] ich wurde mit sieben Kameraden in einer anderen Zelle eingesperrt. Am übernächsten Tag, um sechs Uhr morgens, wurden wir durch ein lautes Durcheinander geweckt. Das ganze Gefängnis war in Aufruhr. Die Wächter haben unsere Tür aufgemacht und die zwei Gefangenen, die am nächsten waren, mit einem Zeichen aufgefordert, ihnen zu folgen. Beide wurden kurz darauf als Vergeltung für Sabotageakte, die am vorherigen Tag in der Stadt begangen worden waren, erschossen. Diese Erfahrung war mir eine Lehre. Ab dem Moment habe ich es immer gemieden, vorne bei der Tür zu sein. Ich habe ebenfalls nie einen Wächter oder einen Pflichtträger direkt angeschaut, wenn ich das Gefühl hatte, dass sie auf der Suche nach einem Opfer waren."[154]

Die letzte wichtige Besatzungsbehörde in Lyon bildete der militärische Nachrichtendienst der Abwehrstelle. Dessen Untersuchung wird jedoch wegen der besonders schwierigen Lage der Abwehr-Quellen für Lyon erschwert. Einige vereinzelte Dokumente der Abwehrleitstelle Paris behandeln die Beziehung zur Abwehrstelle Lyon und deren Tätigkeiten.[155] Die „Synthese der deutschen Geheimdienste" liefert eine sehr detaillierte Beschreibung der Abwehrstelle Lyon und ihrer Organisation, wobei sich die Genauigkeit der Angaben nur schwer nachprüfen lässt. Da die in der Synthese aufgeführte Zusammenstellung der Sipo-SD Lyon weitgehend mit den deutschen Quellen übereinstimmt, kann man jedoch unter Vorbehalten davon ausgehen, dass auch die weiteren Ergebnisse der Arbeit zuverlässig sind.

Die Abwehrstelle Lyon war der Abwehrleitstelle Paris unterstellt, die selbst unter der Leitung der Abteilung Ausland/Abwehr des Admirals

---

153 Bruno Permezel (Hrsg.) (1999), S. 11.
154 Ebd., Zeugenaussage von Henri Malartre, S. 116.
155 Sie befinden sich im Bundesarchiv-Militärarchiv Freiburg.

Canaris (bis Februar 1944) stand.[156] Der Chef der Abwehrleitstelle Frankreich, einer der Abteilungen des Kommandostabs des Militärbefehlshabers in Frankreich, war Oberstleutnant Rudolph.[157] In jedem Zentrum der fünf Militärbezirke gab es eine Abwehrstelle. Es wurden auch mehrere Nebenstellen eingesetzt, wie in Brest, Nancy oder Lille, sowie nach der Besetzung der Südzone zwei Hauptstellen in Lyon und in Marseille, mit Nebenstellen in Limoges und Toulouse.[158]

Die Abwehrstellen waren in drei Abteilungen aufgeteilt, Abwehr I (Spionage), Abwehr II (Sabotage und Propaganda) und Abwehr III (Spionageabwehr). In Lyon stand Abwehr I unter der Leitung der Abwehrstelle Stuttgart. Laut der „Synthese der deutschen Geheimdienste in der Gegend von Lyon während der Besatzung" war Lyon ein Meldekopf der Zentrale in Stuttgart und hatte den Trupp Avignon als Vorposten (die jedoch nicht in der Liste der Vorposten der Abwehr in der Südzone von Jean-Luc Leleu und Laurent Thiery vorhanden ist).[159] Die Abwehr hatte wohl neben Lyon-Stuttgart drei Hauptverbindungen, um Informationen nach Deutschland zu schleusen: Lyon-Bern, Lyon-Dijon und Lyon-Moulins-Paris. Diese Netzwerke wurden vor November 1942 von Offizieren der Abwehrstellen Bern, Dijon und Moulins eingerichtet, die in und um Lyon Agenten benutzten, und sie bestanden auch nach der Gründung des Meldekopfs Lyon. Die Angestellten der Abwehr I waren wohl zu dritt: Dienstleiter Gibhart und zwei Sekretärinnen. Die Abteilung II gab es in Lyon nicht. Die Abteilung III (auch als AST bezeichnet) war hingegen ab 1943 in Lyon im Fort Saint-Irénée untergebracht.[160] Sie war verantwortlich für die präventive und repressive Spionageabwehr und wurde ebenfalls im Kampf gegen die Maquisbewegungen eingesetzt. Der „Synthese der deutschen Geheimdienste" zufolge gaben sie sich als deutsche Polizei aus, um „Juden zu erpressen"[161]. Die fünf

---

156 Karsten Krieger, „Abwehr", in: Wolfgang Benz, Hermann Graml, Hermann Weiß (Hrsg.) (2007), S. 386–387.
157 Gaël Eismann, „L'administration militaire allemande", in: Jean-Luc Leleu, Françoise Passera, Jean Quellien (Hrsg.) (2010), S. 58.
158 Jean-Luc Leleu, Laurent Thiery „Abwehr et Geheime Feldpolizei", in: Jean-Luc Leleu, Françoise Passera, Jean Quellien (Hrsg.) (2010), S. 64.
159 Ebd.; AD Rhône, 3808 W 25, Synthese der deutschen Geheimdienste (1945).
160 Ebd., S. 76–80.
161 Ebd., S. 79.

ersten ihrer sechs Unterabteilungen dienten dem Schutz der Truppen und Dienststellen; die sechste hingegen, Abwehr IIIF, nahm an der Repression der *Résistance* teil.[162] Die AST Lyon hatte selbst mehrere Vorposten, Lyon I, Lyon II, Villeurbanne, Vichy, Saint-Étienne, Grenoble, Annecy und Annemasse, sowie zwei Nebenstellen (ANST) in Toulouse und Marseille, die selber Nebenstellen in Pau und Nice hatten. Zwei Dienststellen unterstanden der Abwehr Lyon: die Funkabwehr und die Auslandsbriefprüfstelle.[163] Nach der Absetzung Admirals Canaris durch Hitler ging im Rahmen der Untergliederung der Abwehr unter das Reichssicherheitshauptamt am 12. Februar 1944 ein Teil der Abwehr III zum SD über.[164] Die Abteilung IIIF wurde in Abwehrleittrupp 351 umbenannt und schien an Bedeutung zu gewinnen. Als Frontaufklärungstrupp blieb sie unter Leitung der Armee und so des Oberbefehlshabers West.[165] Die Abteilungen IIIH und IIIc (präventive Spionageabwehr) wurden dem Stab des Kommandanten des Heeresgebiets Südfrankreich eingegliedert, die Abwehr IIIN und IIIwi wurden aufgelöst. Diese Umstellung fing im Mai 1944 an und war gerade durchgeführt, als die Abwehr vor dem Druck der Alliierten die Region verlassen musste.[166] In Zusammenarbeit mit der Sipo-SD spielte die Abwehr durchaus eine wichtige Rolle in der Bekämpfung des Widerstands.[167] Die Abwehr Lyon infiltrierte unter anderem die französischen Geheimdienste, die sich nach der Niederlage 1940 im heimlichen Wiederaufbau befanden.

> „Das Ref. III W war im Berichtsmonat in der Hauptsache mit der Auswertung des in Lyon angefallenen Aktenmaterials des franz. 2. Büros beschäftigt. […]. Das Material bietet überaus wichtige Unterlagen für die Belehrung der Truppe und Dienststellen und wird in dieser Richtung ausgewertet. Weiterhin werden, wo dies

---

162 Jean-Luc Leleu, Laurent Thiery „Abwehr et Geheime Feldpolizei", in: Jean-Luc Leleu, Françoise Passera, Jean Quellien (Hrsg.) (2010), S. 64.
163 AD Rhône, 3808 W 25, Synthese der deutschen Geheimdienste (1945), S. 80.
164 Jean-Luc Leleu, Laurent Thiery „Abwehr et Geheime Feldpolizei", in: Jean-Luc Leleu, Françoise Passera, Jean Quellien (Hrsg.) (2010), S. 64.
165 Ebd.
166 AD Rhône, 3808 W 25, Synthese der deutschen Geheimdienste (1945), S. 79–80.
167 Zur Rolle der Abwehr bei der Aushebung der Oberhäupter der *Armée Secrète* im Frühjahr 1943, vgl. Gérard Chauvy, „Les réseaux infiltrés par des taupes", *Historia*, Nr. 670, Oktober 2002, S. 62–65.

notwendig erscheint, die entsprechenden Dienststellen zur Weiterverfolgung und Klärung der Einzelfälle eingeschaltet."[168]

Nach der Vorstellung der Hauptakteure der Besatzung und der Repression in Lyon und Umgebung sollen anschließend verschiedene charakteristische Merkmale der Besatzung von Lyon im Zusammenhang mit dem Anwachsen der repressiven Gewalt herausgearbeitet werden.

1.2 Die charakteristischen Merkmale der deutschen Besatzung in Lyon – Erklärungsfaktoren für die Gewaltsteigerung während der Besatzungszeit?

1.2.1 Der chronische Mangel an Personal

Der Einsatz von nur wenig militärischem Personal war bereits seit dem Waffenstillstand im Juni 1940 und dem Aufbau der Militärverwaltung in der besetzten Zone ein zentrales Charakteristikum der deutschen Besatzung. Die Okkupation sollte so wenig wie möglich Ressourcen beanspruchen und nur eine „Überwachungsbesatzung" sein.[169] Bis zur sich abzeichnenden Gefahr einer alliierten Landung spielte Frankreich in Hitlers Europa nur eine untergeordnete Rolle.[170] Laut dem Abschlussbericht des Verwaltungsstabs des Militärbefehlshabers in Frankreich verfügte Deutschland auch nach November 1942 nur über 40 000 Besatzungskräfte zur Kontrolle der 45 Millionen Franzosen.[171] Diese Zahl wird von einigen Historikern als zu gering eingeschätzt. Robert Paxton zählt 60 000, Ludwig Nestler 80 000 und Gaël Eismann 101 610 Besatzer im Dezember 1941.[172] Peter Lieb kalkuliert für Anfang 1944 94 000 Mann unter dem Befehl des Militärbefehlshabers

---

168 BA-MA, RW 49/72, Abwehrleitstelle Paris, Tätigkeitsbericht vom 30. April 1943.
169 Gaël Eismann, „L'administration militaire allemande", in: Jean-Luc Leleu, Françoise Passera, Jean Quellien (Hrsg.) (2010), S. 56.
170 Eberhard Jäckel (1966), S. 20.
171 AN, AJ 40/536, Abschlussbericht des Verwaltungsstabs des MBF („Teuchert-Bericht").
172 Robert O. Paxton, *Le Procès de Maurice Papon*, Paris 1998, S. 79; Ludwig Nestler (Hrsg.) (1990), S. 31; Gaël Eismann, „L'administration militaire allemande", in: Jean-Luc Leleu, Françoise Passera, Jean Quellien (Hrsg.) (2010), S. 56.

in Frankreich.[173] Mit der Kriegserklärung an die Sowjetunion wurden ab Sommer 1941 zusätzlich Einheiten aus Frankreich an die Ostfront verlegt.[174] Der personelle Tiefpunkt war dann im Winter 1942–1943 erreicht.[175] Auch in Lyon herrschte sowohl bei Militärverwaltungsbehörden wie Sipo-SD auf allen Ebenen Personalmangel, und das, obwohl Lyon und die Region Rhône-Alpes ein Zentrum der Widerstandsbewegung darstellten[176] und sich die französische Polizei und Gendarmerie zunehmend weigerten, Repressionen und Verfolgungen mitzutragen.[177]

Die Lage- und Monatsberichte der Abteilung Verwaltung und Wirtschaft des Kommandanten des Heeresgebiets Südfrankreich sowie des Arbeitseinsatzstabes Lyon ermöglichen es, die fehlenden Quellen der Sipo-SD teilweise auszugleichen und die Folgen der zugespitzten Sicherheitslage in Lyon und der Region im Jahr 1944 zu rekonstruieren. Die „Terroristen" und die „Bandenbildung"[178] wirkten sich in den Dienststellen sowohl auf die internen Aufgaben als auch auf die Kommunikation zwischen Zentrum (Lyon, Paris) und Peripherie (Außendienststellen) aus. Ein Lagebericht der Abteilung Verwaltung und Wirtschaft des Kommandanten des Heeresgebiets Südfrankreich beschreibt die Situation im Zeitraum vom 1. April bis zum 30. Juni 1944.

> „[…] im Heeresgebiet Südfrankreich wird die Verwaltungsarbeit auf allen Gebieten beeinträchtigt, zumal bei den ständigen schweren Unterbrechungen und Störungen des Eisenbahn-, Post- und Straßenverkehres schnelle Entscheidungen vorgesetzter Dienststellen kaum noch eingeholt werden können und viele Dienststellen daher oft für längere Zeit selbstständig handeln müssen."[179]

---

173 Peter Lieb (2007), S. 61.
174 Rita Thalmann (1991), S. 22.
175 Helmuth Greiner, Percy Ernst Schramm, Hans-Adolf Jacobsen (Hrsg.), *Kriegstagebuch des Oberkommandos der Wehrmacht*, Bd. 2: *1. Januar bis 31. Dezember 1942*, Frankfurt am Main 1963, S. 128.
176 Peter Lieb (2007), S. 66; AN, AJ 40/545, MBF, Verwaltungsstab, Abteilung Verwaltung, Betr.: Antrag auf Abberufung des Regionalpräfekten Alexandre Angéli, Lyon, Paris, 28. Oktober 1943.
177 Bernd Kasten (1993), S. 151.
178 AN, AN 40/448, Lagebericht der Abteilung Verwaltung und Wirtschaft vom 1. April bis zum 30. Juni 1944, Kommandanten des Heeresgebiets Südfrankreich, Geh., S. 20.
179 Ebd., S. 17.

Die zunehmende Sabotage der Verkehrs- und Kommunikationsmittel lässt sich durch die Umsetzung einer Strategie der *Résistance* erklären, die Frankreich auf die Landung der Alliierten vorbereiten sollte. Unmittelbar vor und nach dem 6. Juni 1944 kam es deshalb vermehrt zu Anschlägen gegen das Eisenbahnnetz, Gebäude deutscher Behörden, deutsche Treibstofflager und Telefon- und Telegrafenleitungen, um die Kommunikation zwischen den Dienststellen zu unterbrechen und so einen deutschen Gegenschlag zu verhindern.[180] Durch den Mangel an Personal, das nicht der offiziellen Kriegsstärkenachweisung entsprach, wurde die Wirkung der Sabotagewelle noch deutlich verstärkt.

„Mit Rücksicht auf die schwierige Personallage sind die Planstellen der Militärverwaltung bei den Verbindungsstäben auf vier Militärverwaltungsbeamten und vier Stabshelferinnen beschränkt.
Die Entwicklung der Verhältnisse beweist schlagend die Richtigkeit der hier von Anfang an vertretenen Auffassung, dass wichtigste Voraussetzung für die ordnungsmäßige Aufgabenerfüllung der Verwaltung die Ausstattung der Verbindungsstäbe mit Fachkräften für die wichtigsten Fachgebiete und für die allgemeinen Angelegenheiten ist. Der Gebietsumfang der Hauptverbindungsstäbe erschwert selbst in ruhigen Zeiten eine zentrale Aufgabenerfüllung; in Spannungszeiten mit dem oft tagelangen Ausfall von Verkehrs- und Nachrichtenmitteln ist die zentrale Erledigung, ja, zeitweise sogar die zentrale Lenkung der Aufgaben durch den Hauptverbindungsstab unmöglich. Die behelfsmäßige Bearbeitung von Angelegenheiten der Verwaltung und Wirtschaft durch Offiziere des Verbindungsstabes entfällt immer mehr wegen des Anwachsens ihres eigentlichen Aufgabenkreises."[181]

---

180 Diese Strategie beinhaltete mehrere Zielvorgaben: den „grünen Plan" für das Eisenbahnnetz, den „gelben Plan" für feindliche Dienststellen, den „roten Plan" für feindliche Munitionslager, den „Plan Mumie" für die Sicherung der Häfen, den „schwarzen Plan" für feindliche Benzinlager, den „braunen Plan" oder „Plan Schildkröte" für die Neutralisierung der Panzerbewegungen, den „blauen Plan" für die Hochspannungsleitungen und den „lila Plan" für die Telefon- und Telegrafenleitungen. Die Operationen sollten nach Dringlichkeit ausgeführt werden. Auf den „grünen Plan" sollten „Plan Schildkröte" und darauf die restlichen Ziele folgen. Siehe Marcel Ruby, *Résistance et Contre-Résistance à Lyon et en Rhône-Alpes*, Lyon 1995, S. 478. Zur *Résistance* in Lyon und Rhône-Alpes, siehe Alban Vistel, *La nuit sans ombres*, Paris 1970.
181 AN, AN 40/448, Lagebericht der Abteilung Verwaltung und Wirtschaft vom 1. April bis zum 30. Juni 1944, Kommandanten des Heeresgebiets Südfrankreich, Geh., S. 10.

In diese kritische Phase vom 1. April bis zum 30. Juni 1944 fiel auch der Umbau der Dienststellen der deutschen Besatzer mit der Ausweitung der Militärverwaltung auf die Südzone durch den Aufbau der Abteilung Verwaltung und Wirtschaft im Heeresgebiet Südfrankreich nach dem Vorbild der altbesetzten Zone.[182] Die unklaren rechtlichen Verhältnisse des Heeresgebiets Südfrankreich, über die sich der Verfasser des Lageberichts beschwert,[183] führten in Verbindung mit der hohen Widerstandsaktivität in und um Lyon zu einer akuten Gefährdung der deutschen Dienststellen. Dies galt vor allem für die isolierten Außenstellen, die die geringste Personaldichte aufwiesen:

> „Abschließend kann gesagt werden, dass die Durchführung aller gestellten Aufgaben im Straßen- und Brückenbau zurzeit stark unter den Erschwerungen der Dienstreisen und vor allem unter den gestörten Verbindungen mit dem Militärbefehlshaber und den Außendienststellen leidet."[184]
> „[...] mehrere Departements sind teilweise von den Terroristen so beherrscht, dass der Weitertransport von den Bahnstationen in die einzelnen Aufnahmegebiete erschwert, wenn nicht unmöglich wird."[185]

Bei der Auswertung der Berichte des Kommandanten des Heeresgebiets Südfrankreich an den Militärbefehlshaber in Frankreich nach Paris ist zu beachten, dass sich die Sicherheitslage in der Region Lyon im Frühjahr 1944 und vor allem in Folge der alliierten Landung zwar sicherlich verschlechterte, es jedoch im Interesse des Kommandanten lag, im Verteilungskampf um Personal und Mittel die Lage so düster wie möglich zu schildern.

In den Monatsberichten des Arbeitseinsatzes Lyon von Dezember 1943 bis Ende Juni 1944 wird über dieselben Probleme geklagt wie bei den Kollegen

---

182 AN, AJ 40/965, Schreiben des Oberkommandos des Heeres an den MBF, Betr.: Einführung einer Militärverwaltung im Heeresgebiet Südfrankreich, Paris, 21. Februar 1944; AN, AJ 40/965, Kommandant des Heeresgebiets Südfrankreich, Betr.: Einführung einer Militärverwaltung im Heeresgebiet Südfrankreich, Lyon, 10. März 1944, S. 1-2.
183 AN, AN 40/448, Lagebericht der Abteilung Verwaltung und Wirtschaft vom 1. April bis zum 30. Juni 1944, Kommandanten des Heeresgebiets Südfrankreich, Geh., S. 17: „Durch die unterschiedlichen Rechtsverhältnisse im Heeresgebiet Südfrankreich wird die Verwaltungsarbeit auf allen Gebieten beeinträchtigt [...]."
184 Ebd., S. 28.
185 Ebd., S. 17.

der Abteilung Verwaltung und Wirtschaft. Der Arbeitseinsatz litt unter dem Mangel an Einsatzkräften für Razzien, bei denen französische Arbeiter im Rahmen des Zwangsarbeitsdienstes verhaftet und nach Deutschland deportiert wurden. Die Dienststelle musste sich auf die französische Polizei verlassen, da „er [der SD] selbst stark in der Bekämpfung der Terroristen eingeschaltet ist".[186] Auch die schwach besetzten Feldgendarmerietrupps in Lyon und im *département* Rhône konnten diese Lücke nicht füllen.[187] Der Rückgriff auf die französische Polizei bei Razzien für den verhassten „STO" erzielte in dieser Gegend, in der die Kollaborationsbereitschaft von Polizei und Gendarmerie ohnehin begrenzt war, nur mäßigen Erfolg.[188] In einer Großrazzia der französischen Polizei in Lyon und Grenoble nach „Oisifs und Defaillanten" wurden ganze Stadtgebiete abgeriegelt und „jeder Passant und jeder Gast in diesem Stadtteil liegender Lokale musste sich ausweisen."[189] Dabei wurden in Lyon gerade mal 37, in Grenoble 28 Personen festgenommen, von denen nur 17 zum Arbeitseinsatz im ‚Reich' und acht für den innerfranzösischen Einsatz eingeteilt wurden. Der Rest galt als gesundheitlich untauglich.[190] Zur Oberflächlichkeit der Fahndungsaktionen der französischen Polizei kam noch die Großzügigkeit, mit der französische Ärzte Tauglichkeitseinschränkungen diagnostizierten.[191]

Die Einheitenstärke der Sipo-SD belief sich selbst nach der Besetzung der Südzone auf nicht mehr als 3 000 Mann. Ihre Allgegenwart zählt zu den Mythen, die sich um die deutsche Besatzung ranken.[192] Einen SS-Grad trugen in Lyon, wie bereits gezeigt, der „Synthese der deutschen Geheimdienste"

---

186 Ebd., S. 3.
187 AN, AJ 40/969, Arbeitseinsatzstab Lyon, Monatsbericht für Periode die Zeit vom 1. bis zum 30. März 1944, 4. April 1944, S. 4.
188 In der Region Lyon wurde die Quote der für den STO Vorgesehenen nur zu 58 Prozent erfüllt und sank in den folgenden Monaten weiter. Vgl. AN F1cIII 1200, Monatsbericht des Regionalpräfekten der Region Lyon, Februar 1943, zitiert nach Bernd Kasten (1993), S. 159.
189 AN, AJ 40/969, Arbeitseinsatzstab Lyon, Monatsbericht für Periode die Zeit vom 1. bis zum 30. März 1944, 4. April 1944, S. 4.
190 Ebd.
191 Bernd Kasten (1993), S. 161.
192 Peter Lieb, Robert O. Paxton, „Maintenir l'ordre en France occupée. Combien de divisions? ", *Vingtième Siècle. Revue d'histoire*, Nr. 112, April 2011, S. 121.

zufolge nur 81 Personen. Die Gesamtstärke der Sipo-SD Lyon erreichte im Jahr 1944 wohl zwischen 150 und 200 Mann.[193] Die Zahl der Franzosen, die direkt in den verschiedenen Ämtern der Sipo-SD angegeben sind, beträgt ungefähr 200, und es ist anzunehmen, dass eine größere Zahl direkt oder indirekt mit den Deutschen kollaborierte oder diese unterstützte.[194] Um die zahlreichen Denunziationen zentral bearbeiten zu können, gab es im Gebäude der Sipo-SD von Lyon seit Anfang 1944 ein ‚Auskunftsamt', das von einem Franzosen geleitet wurde.[195]

Wegen der Knappheit an Mitteln und Personal in allen Abteilungen der deutschen Besatzungsbehörden mussten sich diese vermehrt auf die französischen Sicherheitskräfte verlassen, die jedoch in der Gegend um Lyon und in ganz Südfrankreich meist nur sehr widerwillig kollaborierten oder sogar offen gegen die Deutschen arbeiteten.[196] Die *Milice*[197] und die Mitglieder der kollaborationistischen Parteien arbeiteten dagegen mit der Sipo-SD deutlich zuverlässiger zusammen.

1.2.2 Die Vorbehalte der französischen Polizei und die Brutalität der kollaborationistischen Gruppen

Durch das zweite Oberg-Bousquet Abkommen im April 1943, das im Wesentlichen die Bestimmungen der ersten Vereinbarung von August 1942[198] auf das Heeresgebiet Südfrankreich ausdehnte, war die französische Polizei zur Unterstützung der Deutschen bei Sicherheits- und Repressionsmaßnahmen

---

193 AD Rhône, 3808 W 25, Synthese der deutschen Geheimdienste (1945); Jacques Natali (1975), S. 24.
194 AD Rhône, 3808 W 25, Synthese der deutschen Geheimdienste (1945).
195 CHRD, Ar. 1551 Maurice-Picard-Bestand, Akte „Francis André", Aussage Francis Andrés vor dem Gerichtshof Lyon, Januar 1946, S. 12–13.
196 Bernd Kasten (1993), S. 142.
197 Die *Milice française*, kurz „Milice", war eine französische paramilitärische Truppe, die von dem rechtsextremen Politiker Joseph Darnand 1943 gegründet wurde. Vgl. Pierre Giolitto, *Histoire de la Milice*, Paris [1997] 2002.
198 Diese Vereinbarung sah die Zusammenarbeit der französischen und deutschen polizeilichen Dienststellen bei der Bekämpfung des Widerstands, u. a. der Kommunisten, und bei der Verfolgung der Juden vor. Vgl. AN, F/7/15142, Brief von René Bousquet, Generalsekretär der Polizei der Vichy-Regierung, an Carl-Albrecht Oberg, SS-und Polizeiführer, Betr.: Die Modalitäten der Zusammenarbeit der deutschen und französischen Polizei, Paris, 18. Juni 1942.

verpflichtet.[199] In einem Schreiben an René Bousquet definierte Carl-Albrecht Oberg die Aufgaben der französischen Polizei sogar noch darüber hinaus. Sie sollte nicht nur

> „durch die Übermittlung aller zweckdienlichen Nachrichten und sonstige Mitarbeit bei der Verfolgung aller Gegner des Reiches [die dem Höheren SS- und Polizeiführer unterstehenden Dienststellen] unterstützen, sondern diesen Kampf auch von sich aus eigenverantwortlich führen."[200]

Weitere Anordnungen an den Kommandanten des Heeresgebiets Südfrankreich bestätigten diese Verordnung. Die Aufrechthaltung der Sicherheit und Ordnung war „in erster Linie Aufgabe der französischen Regierung und ihrer Dienststellen [...]."[201] Jedoch unterstützten die französische Polizei und Gendarmerie den Kampf des Besatzers gegen „Feinde" des ‚Reiches' mit wechselndem Enthusiasmus. Während Kommunisten im Allgemeinen, vor allem in den ersten Jahren der Besatzung, auch von den französischen Behörden mit Eifer verfolgt wurden,[202] engagierten diese sich bei der Repression gegen Gaullisten und Juden zurückhaltender.[203] Zudem existierten große regionale Unterschiede. Während die Polizei in Paris, Bordeaux oder Poitiers die Sipo-SD bereitwillig unterstützte und ihnen sogar alle verhafteten Personen auslieferten, kooperierten die Polizeibehörden in anderen Teilen Frankreichs widerwilliger oder arbeiteten sogar offen gegen die Besatzungsmächte.[204] Dies war in Lyon und Umgebung der Fall. Im November 1942 war sowohl der Höhe- als auch der Wendepunkt der deutsch-französischen Zusammenarbeit auf dem Gebiet der Sicherheit erreicht.[205]

---

199 Bernd Kasten (1993), S. 111.
200 AN, F/7/15142, Der Höhere SS- und Polizeiführer im Bereich des MBF Oberg an den Generalsekretär der Polizei Bousquet, Paris, 23. Juli 1942, Vermerk, S. 3.
201 AN, AJ 40/449, Zweiter Grundlegender Befehl des Oberbefehlshabers West, Aufgaben und Befugnisse des Kommandanten des Heeresgebiets Südfrankreich, 25. Januar 1943, S. 3.
202 Bernd Kasten (1993), S. 76–83. Siehe auch Jean-Marc Berlière, „L'impossible pérennité de la police républicaine sous l'Occupation", Vingtième siècle. Revue d'histoire, Nr. 94, Februar 2002, S. 183–198.
203 Bernd Kasten (1993)., S. 83–91; 95–104. Vgl. BA Berlin, R/70/13, Die Polizeiverwaltung unter dem MBF, o. D., S. 12.
204 Vgl. Bernd Kasten (1993), S. 126–158.
205 Ebd., S. 83.

Nach der Landung der Alliierten in Nordafrika glaubte die Mehrheit der Franzosen nicht mehr an einen deutschen Sieg.[206]

Lyon war wie Paris Zentrum der deutschen Besatzungsherrschaft, Sitz zahlreicher Dienststellen und eine der größten Städte Frankreichs, was der Kooperation zwischen den deutschen und französischen Sicherheitsbehörden zentrale Bedeutung zukommen ließ. Dabei konnte die Sipo-SD nicht wie in Paris auf die eifrige Unterstützung der Franzosen zählen.[207] In der unbesetzten Zone hatten sich vor der Invasion im November 1942 Widerstandsorganisationen, insbesondere Gaullisten, ungehindert entwickeln können; umso mehr, als die Deutschen unkooperative oder deutschfeindliche Polizeibeamte aus dem besetzten Gebiet in die Südzone versetzen ließen.[208] In den Jahren 1943–1944 bildeten sich in der Region um Lyon die *maquis*. Die Zahl der Widerstandsaktionen in der Stadt zählte zu den höchsten in ganz Frankreich, wofür die deutschen Besatzungsbehörden den Regionalpräfekten und obersten Polizeichef Alexandre Angéli verantwortlich machten:

> „Bezeichnenderweise ist auch die Zahl der Terrorakte im Bereich des Hauptverbindungsstabs Lyon wesentlich grösser als im Gebiet anderer Verbindungsstäbe. Ein Grund ist auch nicht zuletzt in der geringen Aktivität des Regionalpräfekten als Oberster Polizeichef zu suchen."[209]

Angéli wurde schließlich im Klima der Angst im Vorfeld der alliierten Invasion aufgrund der Beschwerden der Militärverwaltung und der Sipo-SD von Lyon[210] am 15. April 1944 zusammen mit den Regionalpräfekten von

---

206 BA Berlin, NS 19/1927, Fernschreiben des BdS Paris an den Reichsführer-SS, Betr.: Stimmungsmässige Auswirkung des Einmarsches deer [sic] deutschen Truppen in das unbesetzte Gebiet, 12. November 1942: „Zur Zeit lässt man sich nicht von dem Gedanken abbringen, dass die Amerikaner die Freiheit bringen."
207 Bernd Kasten (1993), S. 126–127.
208 Ebd., S. 142.
209 AN, AJ 40/545, MBF, Verwaltungsstab, Abteilung Verwaltung, Betr.: Antrag auf Abberufung des Regionalpräfekten Alexandre Angéli, Lyon, Paris, 28. Oktober 1943, S. 1.
210 AN, AJ 40/545, Schreiben des Kommandeurs der Sipo-SD in Lyon an den BdS, Betr.: Sühnemaßnahmen wegen der Ermordung zweier Angehörigen der hies. Dienststelle beim Transport von Gefangenen am 21. Oktober 1943, Lyon, 25. Oktober 1943; AN, AJ 40/545, MBF, Verwaltungsstab, Abteilung

Marseille, Nizza und Montpellier verhaftet.[211] Der Regionalpräfekt hatte eine zwiespältige Politik verfolgt. Als Präfekt in Quimper war er 1940

> „alsbald durch seine Haltung und durch sein Benehmen unangenehm aufgefallen, sodass seine Abberufung durch den Militärbefehlshaber in Frankreich bei der französischen Regierung verlangt werden musste. (Notiz vom 6.9.1940) Auch nach dem Einmarsch der deutschen Truppen in Lyon 1942 kam es zu Zusammenstößen mit dem Kommandanten des Verbindungsstabes. Vorgänge beim Kommandanten des Heeresgebiets Südfrankreich."[212]

Er war jedoch durch die Vichy-Regierung als loyal eingestuft worden, da er ab September 1940, nach der Auflösung des Stadtrats von Lyon, das Amt des Regionalpräfekten angetreten hatte.[213] Er wurde sogar als Vertrauter Pierre Lavals angesehen[214] und war durchaus an der Verfolgung der Juden in Lyon beteiligt.[215] Er wurde von den deutschen Besatzungsbehörden vor allem der passiven Obstruktion und der Tolerierung gaullistischer Kundgebungen beschuldigt und schließlich verhaftet.[216] Sein Nachfolger Bonnefoy unterstützte die *Résistance* und beteiligte sich sogar an der NAP[217] (*Noyautage des Administrations Publiques*, „Unterwanderung der öffentlichen Verwaltung"). Er wurde daraufhin von der Sipo verhaftet und nach Deutschland deportiert, wo er starb. In den drei letzten Monaten der deutschen Besatzung begnügte sich der neue Präfekt Boutemy damit, die öffentlichen Behörden betriebsfähig zu halten.

Verwaltung, Betr.: Antrag auf Abberufung des Regionalpräfekten Alexandre Angéli, Lyon, Paris, 28. Oktober 1943.
211 Bernd Kasten (1993), S. 147.
212 AN, AJ 40/545, Bericht des Kommandanten des Heeresgebiets Südfrankreich, Abteilung Verwaltung und Wirtschaft, an den MBF, Chef der Militärverwaltung, Betr.: Übersicht über die französische Verwaltung, Beurteilungen der leitenden französischen Beamten in den einzelnen Departements, Lyon, 5. Juli 1944, S. 8.
213 Marcel Ruby, *La Contre-Résistance à Lyon 1940–1944*, Lyon 1981, S. 41.
214 Ebd., S. 218.
215 Marc-Olivier Baruch, „Qui sont les préfets de Vichy?", o. D., Institut d'Histoire du Temps Présent, Deutsches Historisches Institut Paris, <http://www.ihtp.cnrs.fr/prefets/qui_sont_prefets_baruch.html>, [15.07.2012].
216 Bernd Kasten (1993), S. 146–147.
217 Die NAP war eine Widerstandsorganisation der Bewegung *Combat*, die ab 1943 die administrativen Behörden der Vichy-Regierung infiltrierte, um den politischen Übergang nach dem Ende der Bestatzung vorzubereiten.

Die deutschen Behörden beurteilten die Aktionen der Lyoner Polizeibehörden weitgehend negativ. In einem Bericht an den Oberbefehlshaber West sprach Niehoff von 62 Anschlägen im Bereich des Hauptverbindungsstabes 590 Lyon allein im März 1943, was „weitaus an der Spitze" liege, da „selbst in Marseille [die Anschläge] nur den vierten Teil davon" betrügen.[218] Niehoff beschwerte sich wenige Monate später, im August 1943, über die unsichere Lage im Heeresgebiet Südfrankreich:

> „Anschläge auf Angehörige der Besatzungsmacht, auf von der Besatzungsmacht in Anspruch genommene Gebäude, Verkehrsanlagen, Starkstromleitungen, Transportmittel u. a. m. haben sich jedoch im Gebiet Südfrankreich sehr wesentlich gehäuft. Das Gleiche gilt im Hinblick auf Anschläge auf Leben und Eigentum solcher französischer Staatsangehöriger, die mit der Besatzungsmacht zusammenarbeiten. Diese Vorgänge beweisen, dass im neubesetzen Gebiet nicht die Sicherheit für Leben und Eigentum besteht, die in jedem geordneten Staat gewährleistet sein müssen. Sie beweisen weiterhin, dass die zuständigen französischen Dienststellen ihre Pflichten nur ungenügend erfüllen."[219]

Tatsächlich unterstützte die Lyoner Polizei durchaus die Bekämpfung der Widerstandsbewegungen. Im März 1943 verhaftete sie Mitglieder der *Armée Secrète* („Geheimarmee"), die aus den drei Hauptwiderstandsbewegungen der Südzone hervorgegangen war (*Combat*, *Libération* und *Franc-Tireur*).[220] Durch diese Serie von Verhaftungen gelangte sie in den Besitz von Dokumenten, die unter anderem zur Razzia von Caluire am 21. Juni 1943 führte, wo Jean Moulin und acht andere *Résistance*-Führer festgenommen wurden.[221] Der Polizeiintendant von Lyon arbeitete in der Bekämpfung der *Résistance* entgegen der Norm sogar eng mit den Deutschen zusammen.[222]

---

218 AN, AJ 40/545, Bericht des Kommandanten des Heeresgebiets Südfrankreich an den Ob. West, Betr.: Abberufung des Regionalpräfekten Angéli in Lyon, Lyon, April 1943.
219 AN, AJ 40/449, Schreiben des Kommandanten des Heeresgebiets Südfrankreich an den MBF, betreffend die Sicherheitslage in Südfrankreich, Lyon, 5. August 1943.
220 Jean-Pierre Azéma, Dominique Veillon, „Le point sur Caluire", in: Jean-Pierre Azéma, François Bédarida, Robert Frank (Hrsg.) (1994), S. 135.
221 Ebd., S. 127.
222 Bernd Kasten (1993), S. 148.

Die Kooperationsbereitschaft der französischen Polizei und Gendarmerie ließ jedoch immer mehr nach, je wahrscheinlicher eine Landung der Alliierten und die Niederlage des deutschen ‚Reiches' wurden.[223] Dies beklagte die Militärverwaltung Südfrankreichs in ihrem Schlussbericht nach dem Abzug der deutschen Truppen aus Lyon:

> „Die französische Polizei hat sich zum grossen Teil als unzuverlässig erwiesen. [...] Die örtlich gebundene Gendarmerie hat sich, meist ohne Widerstand, an vielen Stellen von den Terroristen entwaffnen lassen. [...] Zu erwähnen ist [...], dass sich die Miliz in vielen Fällen zuverlässig zeigte und gute Haltung bewies."[224]

Die *Milice*, eine Schöpfung des Vichy-Regimes, kollaborierte unter Joseph Darnand, der am 30. Dezember 1943 zum „Generalsekretär für die Aufrechterhaltung der Ordnung" ernannt wurde und so allen französischen Polizeieinheiten vorstand, am eifrigsten mit den Besatzern.[225] Sie steht beispielhaft für die Kollaboration des Vichy-Regimes und den Kollaborationismus. Als Organ der Vichy-Regierung war sie Teil des Systems der Staatskollaboration, das offiziell im Oktober 1940 während des Treffens zwischen Pétain und Hitler in Montoire vereinbart wurde. Sie wies aber ebenfalls kollaborationistische Züge auf, da ihr erster Kommandierender Darnand und Teile ihrer Mitglieder offen den Sieg Deutschlands herbeiwünschten und die Ideologie des Nationalsozialismus teilten.[226] Im Kampf

---

223 Jean-Marc Berlière, „Les ‚polices' de l'État français: genèse et construction d'un appareil répressif", in Bernard Garnier, Jean-Luc Leleu, Jean Quellien (Hrsg.), *La répression en France 1940–1945*, Caen 2007, S. 123.
224 AN, AJ 40/965, Kommandanten Heeresgebiets Südfrankreich, Abteilung Verwaltung und Wirtschaft, Reststab, Schlussbericht für die Zeit vom 1. Juli bis zum 2. September 1944, Anhang A, „Zusammenfassender Überblick über die allgemeine Lage und die Stimmung", S. 5–6. Vgl. Peter Lieb, „Répression et massacres. L'occupant allemand face à la résistance française, 1943–1944", in: Gaël Eismann, Stefan Martens (Hrsg.) (2007), S. 173–174.
225 AN, AJ 40/965, Kommandanten Heeresgebiets Südfrankreich, Abteilung Verwaltung und Wirtschaft, Reststab, Schlussbericht für die Zeit vom 1. Juli bis zum 2. September 1944, Anhang A, „Zusammenfassender Überblick über die allgemeine Lage und die Stimmung", S. 5–6; Jean-Marc Berlière, „Les ‚polices' de l'État français: genèse et construction d'un appareil répressif", in: Bernard Garnier, Jean-Luc Leleu, Jean Quellien (Hrsg.) (2007), S. 125–126.
226 Jean-Marie Guillon, „Collaboration(s) et collaborationnisme. Vue d'ensemble", in: *De la collaboration à la répression de la Résistance* (2001).

gegen die *Résistance* ging die *Milice* deutlich entschiedener vor als die Polizei. Darnand wollte alle verhafteten Widerständler der Sipo-SD ausliefern, was die französische Polizei nur ungern tat. Die Präfekten beschweren sich über das Vorgehen der „*miliciens*", die sich als Ersatzpolizisten im Kampf gegen Widerständler gaben.[227] Als Hilfskräfte der deutschen Sicherheitsbehörden bildeten sie einen Teil des Repressionsapparats.[228]

In Lyon bezog die *Milice* die Räumlichkeiten der lokalen Zeitung *Progrès*, die sich im November 1942 wegen des Einmarschs der Deutschen in der Südzone freiwillig dafür entschied, ihren Betrieb einzustellen.[229] Der regionale Chef der Milice war seit März 1943 Joseph Lécussan, ein ehemaliges Mitglied der *Cagoule*, einer rechtsextremistischen Organisation der 1930er Jahren. Im Jahr 1941 wurde er Regionalabgeordneter des Generalkommissariats für Judenfragen in Toulouse. Ein Ausschnitt einer Rede, die er während einer Ausbildung in der Kaderschule in Uriage hielt, zeigt sein antisemitisches Gedankengut:

> „Einige Franzosen sind aus der nationalen Gemeinschaft ausgeschlossen. Es sind in allererster Linie die Juden, die wegen ihrer Rasse von uns getrennt sind. Es sind auch diejenigen, die die Waffen in der Hand genommen oder an Anschläge teilgenommen haben. Für die gibt es keine Gnade: sie müssen getötet werden. Es gibt eigentlich nur eine Lösung zum Judenproblem: sie zu vernichten [...]."[230]

Der bekannteste *Milice*-Mitglied in Lyon *a posteriori* ist jedoch Paul Touvier, wegen seiner langen Verfolgung durch die französischen Behörden, während der er durch Angehörige des katholischen Klerus versteckt wurde, und wegen seiner Verurteilung wegen Verbrechen gegen die Menschlichkeit 1994.[231] Bevor er im Januar 1944 zum Regionalchef der *Milice* in

---

227 Pierre Giolitto (2002), S. 390–391.
228 Ebd., S. 399.
229 Gérard Chauvy (1993), S. 15.
230 AN, F1 A/3747. Zitiert nach Pierre Giolitto (2002), S. 217: „*Il y a des Français qui sont exclus de la communauté nationale. Ce sont d'abord les Juifs que la race sépare de nous. Ce sont ensuite ceux qui sont pris les armes à la main ou qui ont participé à des attentats. Pour ceux-là, aucune pitié : ils doivent être tués. Il n'existe d'ailleurs qu'une solution au problème juif : les supprimer [...].*"
231 Sorj Chalandon, Pascale Nivelle, *Crimes contre l'humanité. Barbie-Touvier-Bousquet-Papon*, Paris, Plon, 1998.

Lyon ernannt wurde, war er Oberhaupt der Zweiten Abteilung, die als Geheimdienst fungierte.[232] Er hat jedoch auch Verhaftungen, Vernehmungen, Hausdurchsuchungen und Strafexpeditionen durchgeführt.[233] In Lyon befand sich die Zweite Abteilung in einem Nebengebäude des Ampère-Gymnasiums, in der Nummer 5 der Impasse Catelin. So war sie im direkten Kontakt mit der *Franc-garde permanente*, einer bewaffneten, kasernierten Einheit der *Milice*, deren Mitglieder wie Soldaten ausgebildet wurden, und die in Lyon Räumlichkeiten des Jesuiten-Kollegs Rue Sainte-Hélène Nummer 10 bezog.[234] Touvier wurde anschließend zum Nationalinspektor befördert, als „Sonderbeauftragter für die Aufrechthaltung der Ordnung", was ihn dazu befugte, „Polizeioperationen jeglicher Art durchzuführen und durchführen zu lassen".[235] Von nun an unterstand er nur noch der Vichy-Regierung. Als er im Januar 1944 Regionalchef der *Milice* wurde, genoss er das Sonderrecht, das nur Regional- und Departement-Chefs vorbehalten war, direkt mit den deutschen Besatzungsbehörden zu verhandeln – in Lyon also mit Werner Knab.[236]

In der Region Lyon stellten die *miliciens* einen Teil der mobilen Einheiten, die unter der Führung von Klaus Barbie im Kampf gegen den *maquis* nach Widerständlern suchten und Sühnemaßnahmen gegen Zivilisten ausführten, die die *Résistance*-Mitglieder unterstützt hatten. Eine dieser gemischten Gruppen aus „Einheiten der Gestapo, der SS und einigen Soldaten der *Milice*" brannte im Rahmen einer Vergeltungsaktion am 6. Februar 1944 in der Gegend um Saint-Rambert Häuser nieder und mordete.[237] Bei den „Soldaten" der *Milice* handelte es sich möglicherweise um Angehörige der *Franc-Garde*.

---

232 CHRD, Ar. 1551 Maurice-Picard-Bestand, Stärke der Milice im Rhône zum 1. April 1943, S. 1.
233 François Bédarida (Hrsg.), *Touvier, le dossier de l'accusation*, Paris 1996, S. 39.
234 Pierre Giolitto (2002), S. 216–217; 365.
235 René Rémond, *Paul Touvier et l'Église*, Paris, Fayard, 1992, S. 48.
236 Pierre Giolitto (2002), S. 40.
237 BA Ludwigsburg, B 162/30162, Anklageschrift, Ständiges Militärgericht Lyon, verfasst von Bourely, Oberstleutnant beim Militärgericht, Stellvertreter des Staatskommissariats beim Ständigen Gericht der Streitkräfte in Lyon, S. 61.

Als Organ der Vichy-Regierung war die *Milice* jedoch gleichzeitig bemüht, ihre Unabhängigkeit von den Besatzern in Sicherheitsfragen und besonders bei der Verfolgung von Regimegegnern zu bewahren. Der Schutz der Ideale der „Nationalen Revolution" vor ihren Feinden war zentraler Bestandteil der Ideologie der *Milice*.[238] Dazu führte sie von beschlagnahmten Gebäuden in Lyon aus eigene Ermittlungen durch. Wie die Sipo-SD verwendete sie Folter als Vernehmungsmethode. Die *Milice* war stark antisemitisch geprägt, wie sich etwa erwies, als nach der Ermordung von Philippe Henriot (seit Januar 1944 Minister für Information und Propaganda der Vichy-Regierung) zur Vergeltung speziell sieben jüdische Häftlinge des Wehrmachtsgefängnisses Montluc in Rillieux-la-Pape hingerichtet wurden.[239]

Die französischen Kommandos, die in verschiedenen Abteilungen der Lyoner Sipo-SD eingegliedert waren, bilden das beste Beispiel für „Kollaborationismus". Die bekannteste war eine Gruppe um Francis André, der unter seinem Spitznamen „Schiefmaul" (*„Gueule tordue"*) in Lyon bekannt und gefürchtet war. André war Mitglied der faschistischen „Französischen Volkspartei" (PPF), die in Lyon Ende 1943 425 Mitglieder, davon 200 als aktive Basis zählte.[240] Sie wurde 1936 durch Jacques Doriot gegründet, der wie André ehemaliger Kommunist war. Sie war als antikommunistische Partei gedacht. Ab 1940 und bis zum Frühjahr 1941 blieb Doriot dem Marschall Pétain treu. Mit dem Ziel, mit dem PPF als Einheitspartei an die Spitze des französischen Staates zu kommen, wendete er sich von der Regierung ab und näherte sich ideologisch den faschistischen Rechtsextremisten an. Ab 1942 hielt er sich an die Linie der NSDAP. Schon ab 1940 kam er in Kontakt mit dem SD und 1941 mit der Abwehr. Oberg hatte Laval angekündigt, dass er in der Aufrechthaltung der Ordnung in Frankreich mit kollaborationistischen Bewegungen arbeiten wollte. Doriot war dafür der perfekte Kandidat: er hatte sich immer mehr durch seine heftigen rassistischen, antisemitischen und antikommunistischen Positionierungen

---

238 Éric Conan, Henry Rousso, *Vichy, un passé qui ne passe pas*, Paris 1994, S. 109.
239 Pierre Giolitto (2002), S. 370–373.
240 Marcel Ruby (1981), S. 71.

hervorgetan.[241] Wie Francis André trat er der „Freiwilligenlegion gegen den Bolschewismus" bei (LVF, *„Ligue des Volontaires Français contre le Bolchévisme"*).[242] André wurde am Anfang des Jahres 1942 im Rahmen der Freiwilligenlegion an die russische Front geschickt.[243] Er verließ sie jedoch schon nach einigen Monaten in Borodino. Die LVF wurde nämlich von der Wehrmacht als Nachhut benutzt, was sie zum Ziel von Scharfschützen machte. Außerdem hätte er wie alle anderen Mitglieder der LVF ein Dokument der Deutschen unterschreiben müssen, in dem er sich hätte verpflichten müssen, nicht mehr politisch aktiv zu sein. Er wurde in Breslau ausgemustert und kam im Mai 1942 wieder nach Frankreich. Im November 1943 gründetet er auf Anweisung von Jacques Doriot die MNAT (*„Mouvement National Anti-Terroriste"*, „Nationale Anti-Terroristische Bewegung"). Dem Historiker Marcel Ruby zufolge schloss diese Bewegung alle PPF-Mitglieder der Lyoner Region sowie einige *Milice*-Männer ein.[244]

Zwei Quellen stehen heute noch zur Verfügung, um die Gruppe um Francis André zu untersuchen. Es ist zum einen der Bericht einer polizeilichen Ermittlung vom 24. Oktober 1945 des Kriminalpolizeikommissars André Sondaz.[245] Zum anderen wird im Centre d'Histoire de la Résistance et de la Déportation in Lyon eine Befragung von Francis André während des Prozesses der PPF-Mitglieder im Lyoner Gerichtshof am 19. Januar 1946 aufbewahrt.[246] André wurde zum Tode verurteilt und am 9. März 1946 in La Duchère hingerichtet.[247] Seine Aussagen ergeben ein detailliertes Bild seiner Aktivitäten während der deutschen Besatzung.

André wurde durch vier Gefolgsmänner der MNAT sowie durch ungefähr zehn PPF-Mitglieder aus Paris und Lyon unterstützt. Ende Juni 1944

---

241 Philippe Burrin, *La dérive fasciste. Doriot, Déat, Bergery, 1933–1945*, Paris 1986, S. 280–295; 421–433.
242 Vgl. Pascal Ory, *Les collaborateurs*, Paris 1977.
243 Patrice Miannay, „André, Francis", in: Patrice Miannay, *Dictionnaire des agents doubles dans la Résistance*, Paris 2005, S. 41.
244 Marcel Ruby (1981), S. 73.
245 AD Rhône, 3808 W 25, Ermittlungsbericht des Kriminalpolizeikommissars André Sondaz, Dienststelle für die Auffindung von feindlichen Kriegsverbrechen, 24. Oktober 1945.
246 CHRD, Ar. 1551 Maurice-Picard-Bestand, Akte „Francis André", Aussage Francis Andrés vor dem Gerichtshof Lyon, Januar 1946.
247 Patrice Miannay, „André, Francis", in: Patrice Miannay (2005), S. 42.

kamen noch sechs *Milice*-Männer der Zweiten Abteilung hinzu. Die Arbeit wurde wohl in drei Gruppen eingeteilt: Vernehmungen, Verhaftungen und eine Ruhephase.[248] Als Anführer der MNAT wurde André durch den Chef des SD in Lyon, August Moritz, unterstützt und mit Waffen, Dokumenten und einer Dienstwohnung in der Avenue Leclerc versorgt. Moritz fungierte im Gegenzug als Kontaktperson zur Behörde Obergs in Paris und war bei Hinrichtungen anwesend, die durch Andrés Männer durchgeführt wurden.[249]

Die MNAT kooperierte darüber hinaus mit den Abteilungen IV und VI der Sipo-SD,[250] die so ihren Mangel an ausführenden Kräften ausgleichen konnten. Während die MNAT meist eigenständig Juden aufspürte und an die deutschen Behörden auslieferte,[251] fanden Operationen gegen Widerständler (meist gegen die kommunistischen FTP, die *Francs-Tireurs et Partisans*, „Freischärler und Partisanen") in der Regel in Zusammenarbeit mit der Sipo-SD statt.[252] Dabei wurden sie durch Spitzel in der französischen Bevölkerung unterstützt. Die Bande durfte die Hälfte der Beute behalten, wenn sie mit der Abteilung IV kooperierte, und die ganze Beute, wenn sie mit der Abteilung VI zusammenarbeitete.[253] Im Februar 1944 nahmen André und seine Männer zum Beispiel unter Führung des SD an einer Operation gegen den *maquis* im *département* Ain und weiteren Unternehmen außerhalb Lyons teil. Im Juni 1944 sollten sie in Vienne, südlich von Lyon, gegen Widerständler vorgehen, die die Eisenbahnstrecke nach Marseille sabotiert hatten.[254] Die Einsätze der Gruppe können somit in zwei Kategorien eingeteilt werden: Hausdurchsuchungen und Beschlagnahmungen bei Juden,

---

248 CHRD, Ar. 1551 Maurice-Picard-Bestand, Akte „Francis André", Aussage Francis Andrés vor dem Gerichtshof Lyon, Januar 1946, S. 9–10.
249 Marcel Ruby (1981), S. 74.
250 CHRD, Ar. 1551 Maurice-Picard-Bestand, Akte „Francis André", Aussage Francis Andrés vor dem Gerichtshof Lyon, die Funktionsweise und Zusammenstellung des MNAT betreffend, Januar 1946, S. 9–10.
251 Ebd., S. 14.
252 Ebd., S. 19.
253 CHRD, Ar. 1551 Maurice-Picard-Bestand, Akte „Francis André", Aussage Francis Andrés vor dem Gerichtshof Lyon, die Funktionsweise und Zusammenstellung der MNAT betreffend, Januar 1946, S. 9–10.
254 Diese Attentate auf die Eisenbahnlinien waren im Sommer 1944 ein großes Problem für die deutschen Besatzer. Ebd., S. 23; 27.

oftmals von Verhaftungen gefolgt, und Aktionen gegen die *Résistance*, besonders die FTP.[255] Die Verlockung des Geldes scheint neben ideologischen Bewegungsgründen ein wichtiges Motiv für die Aktionen Andrés gewesen zu sein. Er unterstützte mit seinen Raubzügen die Finanzierung der Zeitung *L'Émancipation nationale* von Maurice Lebrun.[256]

Durch die Unterstützung des SD gewannen die Schlägertrupps der MNAT in Lyon an Macht. Sie durften sogar im Gebäude der Sipo-SD Menschen vernehmen und foltern.[257] Lise Lesèvre, die im Prozess von Klaus Barbie 1987 gegen ihn aussagte, erwähnte eine Vernehmung von Barbie im Mars 1944, an der auch „Franzosen wie „Schiefmaul" [teilnahmen], blöde Trottel, die ihm [Barbie] folgten."[258] Sie zögerten nicht, sich als deutsche Polizei

---

255 Siehe das Programm der MNAT mit dem Titel „Terror um Terror" („*Terreur pour terreur* "). Es wurde am 13. November 1943 in Lyon verbreitet: „Jüdische Millionäre, bürgerliche Freimaurer, ihr finanziert und bewaffnet die Hände der Mörder, ihr werdet mit eurem Leben bezahlen. Ganz Frankreich ist endlich von diesem terroristischen Alptraum befreit […]. („*Juifs millionnaires, bourgeois francs-maçons qui subventionnez et armez la main des assassins, vous payerez de votre vie. La France entière enfin délivrée de ce cauchemar terroriste* […].") Zitiert nach Marcel Ruby, *Klaus Barbie, de Montluc à Montluc*, Lyon 1983, S. 165–166. In ihrem Programm drückte die MNAT ihren Hass gegen „terroristische Führungsspitzen" und „jüdische Millionäre, bürgerliche Freimaurer" sowie eine Vichy-kritische Rhetorik aus. Die Verbrechen von André und seinen Schergen gegen Juden und Widerständler spiegelten die Inhalte des Programms wider, und die Kritik an der Vichy-Regierung ähnelte der der Pariser Kollaborationisten.

256 In der Beschreibung seiner zwölften Aktion gab Francis André an, dass er „vor Ankunft der Deutschen den Wagen, einen Großteil der Waffen und Munitionen sowie zwei Sendegeräte und zwei Empfänger zugunsten seiner Bande mitnahm." CHRD, Ar. 1551 Maurice-Picard-Bestand, Akte „Francis André", Aussage Francis Andrés vor dem Gerichtshof Lyon, Januar 1946, S. 23.

257 Ebd., S. 17.

258 Sorj Chalandon, Pascale Nivelle (1998), S. 59. André und seine Bande waren auch die Peiniger von Kommissar Guepratte, der in seinem Bericht an die Dienststelle für die Auffindung von feindlichen Kriegsverbrechen den Chef der Bande beschrieb, die ihn zum Verhör im Hauptquartier des SD am Boulevard des Belges abführte: „Diese Person […] wahrscheinlich der Chef der Bande – mit verzerrter Oberlippe, sehr auffälliger Narbe am Hals […]." Diese Beschreibung passt zu Francis André, auch „Schiefmaul" genannt. Der Chef der Bande soll ihm vor dem Verhör Folgendes gesagt haben: „[…] nun sind wir hier, Männer des PPF und des Francisme." Guepratte sagte, er habe während

auszugeben oder anstelle der französischen Polizeikräfte Verhaftungen und Verhöre durchzuführen. Bernd Kasten stellt fest, dass sich vor allem Mitglieder der PPF als Hilfspolizisten aufspielten und Widerstand und Schwarzmarkthandel mit „fragwürdigen Methoden" bekämpften. Die französische Polizei sah nicht untätig zu, wie sich die Männer der MNAT und andere Franzosen[259] unter dem Schutz der Sipo-SD immer mehr Rechte herausnahmen. Sie galten in der Bevölkerung als Verräter und wurden von Polizisten und Gendarmen mit allen möglichen Schikanen wie Haussuchungen, Verhöre oder Verhaftungen bedacht, meist unter dem Vorwand der früheren Mitgliedschaft in der kommunistischen Partei oder ihres meist kriminellen Hintergrunds.[260] Die Kriminalpolizei verhaftete auch Francis André, musste ihn jedoch nach einem Anruf bei Moritz auf Befehl der Deutschen wieder freilassen.[261] Durch die Straffreiheit und ständigen Verletzungen

---

der Folter „drei oder vier Franzosen [erkannt], die [er] am Sitz ihrer Bewegung in der Rue de la République gesehen hatte." Der Sitz des PPF befand sich in dieser Hauptstraße im Zentrum von Lyon. So ist es wahrscheinlich, dass es sich um André und seine Männer handelte. Nach stundenlangen Folterungen wurde Guepratte der Sipo-SD überlassen, die ihn in Montluc internierte. AD Rhône, 3080 W 840, Aussage von Kommissar Guepratte, am 31. Mai 1944 von PPF-Männern gefoltert, o. D., Dienststelle für die Auffindung von feindlichen Kriegsverbrechen, S. 1; 3.

259 Die verschiedenen Abteilungen der Sipo-SD in Lyon und insbesondere die Unterabteilungen der Gestapo und der SD beschäftigten eine große Anzahl französischer Agenten, Festangestellte und Spitzel. Sie bildeten einen wichtigen Teil der Ausführungskräfte zur Bekämpfung der verschiedenen „Feinde" des ‚Reichs' wie Widerständler, Juden oder Deserteure vom Arbeitsdienst in Deutschland. Insgesamt arbeiteten ungefähr 200 Franzosen direkt für die Sipo-SD. Diese Gruppen waren in Unterabteilungen integriert oder kooperierten, wie die „*Ligue Anti-Bolchéviste*" (LAB, „Anti-Bolschewistische Liga"), eng mit der Sipo-SD zusammen (im Fall der LAB mit der materiellen Unterstützung Werner Knabs). Die Zahl der Spitzel und Agenten, deren Identität nie festgestellt werden konnte, ist nicht bekannt. Es ist deshalb davon auszugehen, dass die tatsächliche Zahl der aktiven Kollaborateure in Lyon deutlich höher war. Vgl. AD Rhône, 3808 W 25, Synthese der deutschen Geheimdienste (1945).
260 Bernd Kasten (1993), S. 92–93.
261 CHRD, Ar. 1551 Maurice-Picard-Bestand, Akte „Francis André", Aussage Francis Andrés vor dem Gerichtshof Lyon zur Funktionsweise und Zusammenstellung der MNAT, Januar 1946, S. 14.

der Souveränität der Polizei erklärt sich, weshalb es zwischen den beiden Parteien immer wieder zu Zusammenstößen kam.[262]

Die Beziehungen zwischen Andrés Truppe und der Lyoner *Milice* waren zum Teil widersprüchlich. Durch Informationen der Zweiten Abteilung Paul Touviers konnten Ende April 1944 die deutsch-französischen Einsätze von Andrés Männern und der Sipo-SD gegen den Widerstand der FTP und in der SNCF (französische Bahn) in Vaise und Oullins geführt werden.[263] Laut Marcel Ruby waren die „Aktionsgruppen", die manchmal mit Francis André zusammenkämpften, Männer der *Milice*.[264] Jedoch behauptete André in seiner Zeugenaussage, dass er geplant habe, eine Kaserne mit 150 bewaffneten Männern zu gründen, um „der *Milice* eine Niederlage zu bereiten". Die Deutschen hätten ihm Anfang Juli 1944 die Erlaubnis gegeben, für die Gründung einer politischen Polizeitruppe das Gebäude der geplünderten Synagoge am Quai Tilsitt zu benutzen. Das Projekt wurde aber wegen des Rückzugs der deutschen Besatzer aus Frankreich nie ausgeführt.[265] Es scheint, als wollte André eine Art Gegenpart zur Franc-Garde der *Milice* schaffen; vielleicht, um sich von der quasi-offiziellen Polizei des Vichy-Regimes zu distanzieren. Jacques Doriot, Chef der PPF, entfernte sich 1941 von Pétain und der französischen Regierung und kam so den Pariser kollaborationistischen Verbänden näher. Doriot hätte so durch die MNAT und mit Unterstützung der Deutschen (die die kollaborationistischen Bewegungen gerne gegeneinander ausspielten) versuchen wollen, seine eigenen bewaffneten Einheiten zu lancieren, als Konkurrenz zur französischen Polizei und zur *Milice*.

Ein anderer Hinweis auf die Zusammenarbeit der verschiedenen kollaborationistischen Gruppierungen mit den deutschen Besatzungsmächten steht in der „Synthese der deutschen Geheimdienste". Dort wird angegeben,

---

262 Bernd Kasten (1993), S. 93.
263 CHRD, Ar. 1551 Maurice-Picard-Bestand, Akte „Francis André", Aussage Francis Andrés vor dem Gerichtshof Lyon, Januar 1946, S. 19.
264 Diese Aktionsgruppen erteilten Francis André mehrmals Auskunft über 'verdächtige' Personen. CHRD, Ar. 1551 Maurice-Picard-Bestand, Akte „Francis André", Aussage Francis Andrés vor dem Gerichtshof Lyon, Januar 1946, S. 21–22.
265 CHRD, Ar. 1551 Maurice-Picard-Bestand, Akte „Francis André", Aussage Francis Andrés vor dem Gerichtshof Lyon, Januar 1946.

dass „zumindest in der Region von Lyon die PPF mit dem SD arbeitet, die Abwehr aber grundsätzlich ignoriert. Die *Milice* hingegen arbeitet gerne mit der Abwehr zusammen, scheint aber dem SD gegenüber zurückhaltend."[266] Der Mangel an deutschen Quellen erschwert die Nachvollziehbarkeit dieser Behauptung. Es ist jedoch möglich, mit Hilfe der juristischen Quellen einige Bemerkungen zu machen. Es stimmt durchaus, dass die PPF mit dem SD zusammenarbeitete: die MNAT und Andrés Gruppe hatten als Referent in der Sipo-SD Moritz aus der Abteilung VI. Die Beziehung zwischen PPF und Abwehr ist allerdings schwieriger zu etablieren. Nach Andrés Zeugenaussage hatten zumindest seine Männer nur mit den deutschen polizeilichen Diensten zu tun, nicht mit der Abwehr, die er kein einziges Mal erwähnte. Jacques Doriot hatte allerdings schon 1941 Kontakte zur Abwehr. Im Fall der Lyoner PPF waren Beziehungen zur lokalen Abwehr durchaus möglich, lassen sich aber im Nachhinein durch die mangelnde Quellenlage nicht mehr rekonstruieren. Dass die *Milice* dem SD gegenüber „zurückhaltend" war, wurde jedoch zumindest zum Teil durch die gemeinsamen Einsätze gegen den Widerstand widerlegt. Selbst wenn die *Milice* ihre Eigenständigkeit im Bereich der Aufrechterhaltung der Ordnung in Vichy-Frankreich durchsetzen wollte, nahm sie im Raum Lyon durchaus an Operationen der Sipo-SD teil. Wegen der schlechten Quellenlage der Abwehr ist es allerdings schwierig zu ermitteln, ob sie mit dieser „gerne" kollaborierte.

Die PPF von Francis André und die *Milice* sind repräsentative Beispiele der verschiedenen Gesichter der französischen Kollaboration. Sie ermöglichen es, zum einen die nicht konfliktfreien Beziehungen zwischen *Milice* und deutschen Besatzungsbehörden, zum anderen den ideologischen und opportunistischen Kollaborationismus der PPF zu zeigen. Diese verschiedene Gruppierungen schwankten zwischen bereitwilliger Kollaboration und dem Bestreben, die eigenen Aktionen gegen die „Terroristen" und die Juden, Feinde der „französischen Nationalgemeinschaft" zu führen, um zur „Regenerierung" des Landes beizutragen.[267] In Lyon war die PPF die wichtigste kollaborationistische Partei, jedoch nicht die einzige (weitere Gruppierungen waren der „*Francisme*", das „*Rassemblement national*

---

266 AD Rhône, 3808 W 25, Synthese der deutschen Geheimdienste (1945), Ämter der Sipo-SD von Lyon, S. 3.
267 Siehe das Programm der MNAT, zitiert nach Marcel Ruby (1983), S. 165–166.

populaire" („Nationale Volksversammlung") von Marcel Déat, sowie die Gruppe „*Collaboration*"[268] etc.). Zahlreiche Franzosen und einige Ausländer arbeiteten direkt in den verschiedenen Ämtern der Sipo-SD, andere als Agenten bei bestimmten Operationen. Die Deutschen zeigten aber eine gewisse Vorsicht bei der Zusammenarbeit mit diesen Elementen: Knochen mahnte in einem Schreiben an alle Sipo-SD-Kommandos in Frankreich, dass „es aber nicht genügen [wird], sich dabei etwa auf "collaborationsfreundliche" Franzosen zu beschränken"[269]. Die Franzosen, die offen kollaborierten, waren oftmals bei ihren Mitbürgern nicht sehr beliebt und daher nicht immer die besten Informanten, was die Arbeit der Polizei oder anderer französischen Dienststellen anging, da man sich vor ihnen in Acht nahm. Sie waren auch oft die Zielscheibe von Anschlägen des Widerstands.[270]

Die Brutalität, mit der die Sipo-SD gegen Widerständler und Juden in Lyon vorging,[271] ließ die Unterstützung der dortigen Polizei- und Gendarmeriekräfte zunehmend schwinden. Der wachsende Widerstand und die Passivität der französischen Behörden ließen die Sipo-SD wiederum zu noch

---

268 Marcel Ruby (1981), S. 81; CHRD, Ar. 1551 Maurice-Picard-Bestand, Akte „Groupe Collaboration de Lyon", Liste der Mitglieder zum 1. Januar 1943, S. 1–4. Es waren ungefähr 175 Mitglieder und somit viel weniger als zur selben Zeit in der *Milice* (vgl. François Bédarida (Hrsg.) (1996), S. 294.
269 AN, F/7/15142, Übersicht über das Arbeitsgebiet der Gruppe II pol, an alle Sipo-SD-Kommandos in Frankreich, BdS im Bereich des MBF, Paris, 2. Juli 1942, S. 2.
270 AN, AJ 40/965, Tagesbericht der Abteilung Ic des Stabes des Kommandanten des Heeresgebiets Südfrankreich, an die Abteilung Ic des Stabes des MBF, Lyon, 1. April 1944, S. 2. Im Bereich des Hauptverbindungsstabs 590 wurden am 28. und am 29. März 1944 zwei Anschläge verübt.
271 Barbie, weitere Angehörige der Sipo-SD sowie ihre französischen Hilfskräfte wie Francis André verhörten und folterten Hunderte von Häftlingen im Gefängnis Montluc sowie Widerständler und Juden in den Gebäuden der Sipo-SD. Einige starben an den Folgen der Misshandlungen, andere wurden exekutiert. Vgl. Marcel Ruby, *Klaus Barbie, de Montluc à Montluc*, Lyon 1983, S. 52; AD Rhône, 3808 W 840, Akte „Folter in Frankreich", Aussage zur Folter durch deutsche Besatzer in Lyon, erstellt von Herrn Roux-Ligeon für die Dienststelle für die Auffindung von feindlichen Kriegsverbrechen, März 1945.

radikaleren Repressionsmaßnahmen greifen,[272] die ihren Höhepunkt im Kampf gegen den *maquis* im Frühjahr 1944 und die Massenexekutionen der Gefangenen des Montluc-Gefängnisses im Sommer 1944 erreichten.[273]

Lyon und Umgebung bildeten eine Hochburg des Widerstands, die die Besatzungsmächte trotz erbitterter Kämpfe nicht unter Kontrolle bekamen. Im März 1944 erreichten die verübten Attentate in Lyon die Rekordzahl von 904 (verglichen mit den 62 Attentaten nur ein Jahr früher, im März 1943).[274] In der Umgebung von Lyon, Limoges und Toulouse verloren die Angehörigen der Sipo-SD jegliche Hemmungen. In Lyon wurde die Erschießung Verdächtiger, die Widerstand leisteten oder flüchten wollten, zur gängigen Praxis.[275] Im Sipo-Gebäude fanden ohne Verurteilungen Hinrichtungen an Gefangenen des Montluc-Gefängnisses statt. Die Rolle der französischen Polizei beschränkte sich dabei auf die Abholung die Leichen.[276]

Durch die Radikalisierung ihrer Methoden versuchten die deutschen Besatzer ihren Mangel an Ressourcen und an ausgebildeten Polizeikräften auszugleichen.[277] Die Frage der Verantwortung für die Repressionsmaßnahmen

---

272 Laut Bernd Kasten hatte die Sicherheitspolizei schon im November 1942 damit begonnen, ihre bisherige Zurückhaltung aufzugeben. Das Vertrauen der deutschen Besatzungsmacht in die Zuverlässigkeit der französischen Polizei war durch den Seitenwechsel Darlans und die Gründung der französischen Nordafrika-Armee erschüttert. Vgl. Bernd Kasten (1993), S. 111.

273 Serge Barcellini und Annette Wieviorka schätzen die Opfer dieser Hinrichtungen auf 669. Sie wurden zwischen dem 8. April und dem 20. August 1944 ohne Gerichtsurteil in Ortschaften in der Umgebung von Lyon erschossen. Beim Massaker von Côte-Lorette in Saint-Genis-Laval starben am 20. August 1944 ungefähr 120 Gefangene. Vgl. Serge Barcellini, Annette Wieviorka, *Passant, souviens-toi! Les lieux du souvenir de la Seconde Guerre mondiale*, Paris 1999, S. 344.

274 Bernd Kasten (1993), S. 150; AN, AJ 40/545, Bericht des Kommandanten des Heeresgebiets Südfrankreich an den Ob. West, Betr.: Abberufung des Regionalpräfekten Angéli in Lyon, Lyon, April 1943.

275 Bernd Kasten (1993), S. 151.

276 Sorj Chalandon, Pascale Nivelle (1998), S. 63; AD Rhône, 3808 W 840, Akte „Folter in Frankreich", Aussage zur Folter durch deutsche Besatzer in Lyon, erstellt von Herrn Roux-Ligeon für die Dienststelle für die Auffindung von feindlichen Kriegsverbrechen, März 1945.

277 Der Anteil der Berufspolizisten unter den Mitarbeitern der Sipo-SD in Frankreich war eher gering. Unter den 2 200 Personen im Dezember 1943 befanden

der einzelnen militärischen oder polizeilichen Besatzungseinheiten ist jedoch aufgrund der schwierigen Quellenlage nicht leicht zu beantworten.

1.2.3 Verschwommene Verantwortungen: die arbeitsteilige Organisation des Verbrechens

Die Bekämpfung des Widerstands und die Verfolgung der Juden und weiterer Bevölkerungsgruppen durch die deutschen Besatzungskräfte und ihre französischen Helfer waren durch eine arbeitsteilige Organisation des Verbrechens gekennzeichnet.[278] Durch mehrere Faktoren erklärt sich, warum dies lange durch die Mythen der allmächtigen Gestapo[279] und der ‚sauberen' Wehrmacht[280] verdeckt wurde. Im Fall Lyon ist hierfür zum einen die sehr geringe Dichte an Quellen verantwortlich. Der Großteil relevanter Dokumente ging entweder bei einem Bombenangriff der Alliierten am 26. Mai 1944 verloren, bei dem ein Teil des Gebäudes der Sipo zerstört wurde,[281] oder wurde später durch die abziehenden deutschen Truppen selbst vernichtet.[282] Zum anderen nimmt der „Barbie-Komplex" bei der

---

sich nur 25 Prozent Kriminalbeamte. Der Rest bestand aus Notdienstverpflichteten. Vgl. Bernd Kasten (1993), S. 213.
278 Die erste Masterarbeit der Autorin befasste sich mit der arbeitsteiligen Organisation der Repression in Lyon und Umgebung. Der Terminus „arbeitsteiliges Verbrechen" wird u. a. von Peter Lieb und Ahlrich Meyer benutzt. Peter Lieb (2007), S. 453; Ahlrich Meyer (2005), S. 315.
279 Vgl. Bernd Kasten (1993), S. 213.
280 Zum Thema des Mythos der ‚sauberen Wehrmacht', vgl. Gaël Eismann, „Le *Militärbefehlshaber in Frankreich*: les transformations de la mémoire savante", *Histoire@Politique. Politique, culture, société*, Nr. 9, September-Dezember 2009.
281 Alban Vistel (1970), S. 447.
282 AN, AJ 40/969, Kommandant des Heeresgebiets Südfrankreich, Abteilung Verwaltung und Wirtschaft, an die Arbeitseinsatzstäbe Clermont-Ferrand, Le Puy, Limoges u. a., Betr.: Anpassung der Arbeitseinsatzstäbe und Sachgebiete Arbeit bei der FK an die gegenwärtigen Verhältnisse, Lyon, August 1944, S. 1: „1. Soweit noch nicht geschehen, sind unverzüglich alle Geheimakten (geheime Kommandosache, Geheimsachen, NFD-Sachen, vertrauliche Angelegenheiten) zu vernichten. Nur die unbedingt noch notwendigen grundsätzlichen Erlasse und das Brieftagebuch sind aufzuheben. Es muss jedoch sichergestellt sein, dass das Brieftagebuch und die aufgehobenen Geheimsachen auch bei schnellstem Abmarsch noch vernichtet werden können. 2. Alle Erlasse des

Geschichtsschreibung und der kollektiven Erinnerung an diese Periode in Lyon eine zentrale Rolle ein. Beide Faktoren zusammengenommen führten zu einer Unschärfe der Verantwortlichkeit, die es erschwert, die Organisation und den Verlauf der Repression in Lyon nachzuvollziehen.

Die Dokumente, die durch die Zentralstelle zur Aufklärung von NS-Verbrechen in Ludwigsburg angelegt wurden, bilden eine ergiebige Sammlung tausender Prozessakten gegen ehemalige Angehörige der Sipo-SD als Haupttäter der Verbrechen. Ahlrich Meyer geht in seinem Werk *Täter im Verhör. Die „Endlösung der Judenfrage" in Frankreich 1940–1944*[283] auf die Verwendbarkeit von Vernehmungsprotokollen als historische Quelle ein. Sie veranschaulichen die Entlastungsstrategien, die von den Tätern in den Jahrzehnten nach dem Krieg kollektiv entwickelt wurden. Der Autor rät deswegen davon ab, sie als Quellen für die Rekonstruktion einzelner Ereignisse zu benutzen. Um die Quellen trotzdem zu erschließen und eine Interpretation möglich zu machen, erläutert er die verschiedenen Rhetoriken dieser Entlastungsstrategien. Zeugen und Täter behaupten in den Aussagen u. a., dass sie nichts von den Verbrechen gewusst und nichts damit zu tun gehabt hätten, dass die Franzosen für die Verbrechen zuständig gewesen seien, dass sie das Geschehen innerlich abgelehnt hätten, dass es an ihrem Standort „keine Juden mehr gab" oder dass sie die Verfolgungen für begründet gehalten hätten.[284] Der Autor betont den Kollektivcharakter dieser Konstrukte, deren stereotype Aussagen zum einen aus den formalisierten Fragebögen resultierten und zum anderen das Produkt einer gesellschaftlichen Erinnerungskonstruktion, eines „langjährige[n] Einüben[s] einer Sprechweise über den Judenmord bildeten, bei der gleichzeitig das Verbrechen und seine Täter verschwanden".[285] Identische Merkmale finden sich auch in den Aussagen der Haupttäter (Angehörige der Sipo-SD) und anderer Beteiligten aus Wehrmachtseinheiten, die lediglich als Zeugen

---

GBK bezw. RAM, des MBF, des Kommandanten des Heeresgebiets Südfrankreich sowie einzelne Schriftwechsel sind zu vernichten. Das gleiche hat mit allen amtlichen Verordnungsblättern und Zeitschriften zu erfolgen. Die Kartei der nach Deutschland Vermittelten ist restlos zu vernichten."

283 Darmstadt 2005.
284 Vgl. Ahlrich Meyer (2005), Kapitel VII: „Die Legenden der Täter. Vernehmungsprotokolle als historische Quelle".
285 Ebd., S. 304–306.

vernommen wurden. Die Strategien der Selbstentlastung wurden nicht nur beim Thema der „Endlösung der Judenfrage" eingesetzt, sondern auch zu Fragen der Folter und Hinrichtungen von Widerständlern und Zivilpersonen. Die meisten dieser Vernehmungen fanden in den sechziger Jahren statt. Eines der Hauptargumente, das sowohl von ehemaligen Sipo-SD- als auch von ehemaligen Wehrmachtangehörigen angeführt wurde, ist Unwissen und Ahnungslosigkeit. Auch die zeitliche Entfernung findet als Argument Verwendung, um den eigenen Gutglauben zu unterstreichen: Man könne sich „beim besten Willen" nicht mehr an das Geschehene erinnern. So kam Jakob Wagner, Angehöriger des Sicherungsregiments 200, um die Jahreswende 1943/1944 nach Lyon, wo er bei einem Außenkommando diente und auch einige Wochen beim Wachdienst der SD verbrachte. „Genaue Angaben" könne er „nach fast 40 Jahren nicht mehr machen".[286] Er erinnerte sich auch nicht an die Hinrichtungen im Gebäude der Sipo, vor dem er als Wache postiert war.[287] Sipo-Angehörige wie Erich Barthelmus bekennen sich zwar zu Verhaftungen, verweisen jedoch gleichzeitig auf die Befehlshierarchien und ihr Unwissen über die Konsequenzen (Deportation, Tod). Manche leugnen sogar die Existenz einer spezifisch anti-jüdischen Abteilung,[288] oder gaben an, nicht gewusst zu haben, Teil einer verbrecherischen Organisation gewesen zu sein.[289] Sie hätten zwar von der Folter gewusst und seien dabei Zeugen gewesen, ohne sich jedoch selbst an diesen

---

286 BA Ludwigsburg, B 162/3403, Bayerisches Landeskriminalamt, z. Z. Waldbrunn-Fussingen, Vorladung Wagner Jakobs, 25. August 1981, S. 1.
287 Ebd., S. 2.
288 Ahlrich Meyer (2005), S. 211. Erich Barthelmus, ehemaliger Angehöriger der Abteilung V der Sipo-SD, behauptet, dass „es nie eine Abteilung [gab], die sich speziell mit den Juden befaßte." BA Ludwigsburg, B 162/3398, Militärgericht von Lyon, Verfahren gegen Barthelmus Erich, Verfahren genannt „SD von Lyon" – „SD von Grenoble", von „Vercors", von „Plateau des Glières" und „Saint-Genis-Laval", Eröffnung der Sitzung am 15. November 1954, S. 8.
289 Ernst Floreck, Angehöriger des Kommandos Barbies der Abteilung IV, behauptet, dass er „nie den Eindruck [hatte], einer kriminellen oder illegalen Organisation anzugehören. Die Verhaftungen von Personen erfolgten auf Anordnung des Polizeichefs von Paris, der wiederum die Anordnungen des Kommandanten und Chefs der Wehrmacht in Frankreich durchführte." BA Ludwigsburg, B 162/3398, Militärgericht von Lyon, Verfahren gegen Floreck Ernst Frederic, verurteilt am 25. November 1954 zum Tode, S. 5.

Verbrechen zu beteiligen. Meyer interpretiert solche Aussagen als bewusste, offene Lügen, die nicht zum Bereich der Selbstentlastung aus Überzeugung gehören.[290]

Ein anderes verbreitetes Entlastungsargument ist das der Befehlskette: Sie selbst hätten keine Entscheidungsbefugnis gehabt und ihre Befehle aus Paris oder von Knab oder Barbie erhalten.[291] Interessanterweise wird häufig die Wehrmacht durch ehemalige Sipo-SD-Mitglieder als Befehlsgeber im Rahmen der Bekämpfung des Widerstands belastet.[292] Ehemalige Wehrmachtsmitglieder weisen diese Vorwürfe zurück und geben der Sipo-SD die Alleinschuld an der Repression.[293] Es berufen sich also sowohl Sipo-SD-Männer als auch Wehrmachtssoldaten auf die arbeitsteilige Organisation der „Endlösung" und des Kampfs gegen den Widerstand: „Niemand erklärt sich für zuständig, weil alle nur Teilaufgaben erfüllten."[294] Um die eigene Unschuld zu beweisen, wird auf den Geschäftsverteilungsplan hingewiesen[295] und betont, dass die eigene Abteilung nichts mit der Gestapo

---

290 Ahlrich Meyer (2005), S. 314.
291 Ernst Floreck: „Ich habe Personen nur mit rechtsgültigen Motiven und nicht ohne Grund verhaftet. Die Internierung und Deportation von Personen wurde nicht durch mich entschieden. Ich hatte dafür keine Entscheidungsbefugnis." BA Ludwigsburg, B 162/3398, Militärgericht von Lyon, Verfahren gegen Floreck Ernst Frederic, verurteilt am 25. November 1954 zum Tode, S. 5; Paul Heimann, ehemaliger Angehöriger der Sipo-SD von Grenoble: „Ich gehorchte den Befehlen, die meine Vorgesetzten mir gaben und bin mir nicht bewusst, ein Kriegsverbrechen begangen zu haben oder darin verwickelt zu sein. [...] Alle verhafteten Personen wurden nach Lyon gebracht [...]. In Grenoble blieb und [sic] das Schicksal dieser Personen unbekannt." BA Ludwigsburg, B 162/3398, Militärgericht von Lyon, Verfahren gegen Heimann Paul, Verfahren genannt „SD von Lyon" – „SD von Grenoble", von „Vercors", von „Plateau des Glières" und „Saint-Genis-Laval", Eröffnung der Sitzung am 15. November 1954, S. 9.
292 Ernst Floreck: „Die Geiseln wurden auf Befehl der Wehrmacht erschossen, und zwar von Mitgliedern der Wehrmacht. Ich hatte mit dieser Affäre nichts zu tun." BA Ludwigsburg, B 162/3398, Militärgericht von Lyon, Verfahren gegen Floreck Ernst Frederic, verurteilt am 25. November 1954 zum Tode, S. 7.
293 Ahlrich Meyer (2005), S. 314–319.
294 Ebd., S. 314–315.
295 Paul Heimann: „Mitglieder meiner Abteilung hatten an dieser Operation nicht teilgenommen, welche von der Wehrmacht angeordnet wurde." BA

zu tun hatte, die allein für die Verbrechen verantwortlich gemacht wird.²⁹⁶ In diesem Rahmen finden auch kollaborierende Franzosen wie die PPF, Mitschuldige an der Repression, Erwähnung. So behauptet Harry Stengritt, Mitarbeiter der Abteilung VI, dass er

> „während [s]einer ganzen Tätigkeit in Lyon an keiner einzigen Festnahme bzw. Erschießung beteiligt war. […] Sicherlich habe [er] auch zur damaligen Zeit schon gewusst, dass Erschießungen von Franzosen vorgekommen sind. [S]einer Ansicht nach haben jedoch diese Erschießungen Franzosen der PPF vorgenommen, die mit uns zusammengearbeitet haben."²⁹⁷

Die Aussagen der ehemaligen Besatzer von Lyon und Umgebung entsprechen der Analyse der Selbstentlastungsstrategien Meyers. Ein wichtiges Mittel der Selbstentlastung im Fall des Kommandos der Sipo-SD ist zudem der Verweis auf die Figur Klaus Barbies als Haupttäter der Verbrechen. Die deutsche Justiz selbst hat dazu beigetragen. Ahlrich Meyer formuliert es folgendermaßen:

> „Nahezu alle im Bereich des Einsatzkommandos der Sipo-SD Lyon verübten Verbrechen wurden von der deutschen Justiz dem „Fall Barbie" zugeschlagen – ein Ermittlungskomplex, der aus ähnlichen Gründen jahrzehntelang stagnierte wie der Fall Brunner."²⁹⁸

Barbies Brutalität und seine Foltermethoden im Verhör werden von mehreren ehemaligen Besatzern in Lyon besonders herausgestellt mit der Absicht, sich selbst in ein besseres Licht zu rücken. Ernst Floreck äußert sich wie folgt zur Verhaftung und Folterung des Widerständlers Charles Perrin:

> „Ich gebe das, was der Zeuge sagt, zu und präzisiere, dass die Operation von Barbie geleitet wurde. Da ich die Brutalität des Barbie kannte, ahnte ich wohl, dass der Zeuge grob behandelt werden würde, ich konnte es nicht verhindern. Mir war

---

Ludwigsburg, B 162/3398, Militärgericht von Lyon, Verfahren gegen Heimann Paul, Verfahren genannt „SD von Lyon" – „SD von Grenoble", von „Vercors", von „Plateau des Glières" und „Saint-Genis-Laval", Eröffnung der Sitzung am 15. November 1954, S. 9.
296 Ahlrich Meyer (2005), S. 315–317.
297 BA Ludwigsburg, B 162/3403, Bayerisches Landeskriminalamt, z. Z. Mannheim, Vorladung Stengritt Paul Arthur Harrys, 9. November 1981, S. 4; 6; Ahlrich Meyer (2005), S. 319–321.
298 Ahlrich Meyer (2005), S. 218.

bekannt, dass diese Methoden insbesondere von Barbie angewendet wurden. Ich persönlich habe sie nicht angewendet."²⁹⁹

Ohne Klaus Barbie von seinen Verbrechen freizusprechen oder diese herunterzuspielen, sollen die Aussagen seiner Mitarbeiter aus der Sipo-SD zeigen, dass schon vor dem Barbie-Prozess 1987 und den damit verbundenen Ermittlungen die Fokussierung auf den Chef der Gestapo die verschiedenen Verantwortungsebenen bei der deutschen Besatzung in Lyon verdeckte. Floreck gelingt es in seiner Aussage, gleichzeitig den französischen Zeugen Charles Perrin zu bestätigen und die Schuld Barbie zuzuschieben. In einem Verhör im Rahmen der Ermittlungen gegen Barbie äußert sich ein ehemaliges Mitglied der Abteilung IV zur Razzia im jüdischen Kinderheim von Izieu (*département* Ain, unweit von Lyon) am 6. April 1944, die von Barbie organisiert wurde.³⁰⁰

> „Ich weiß von dieser Sache nichts und möchte bei meiner heutigen Erkenntnis sagen, dass dies nur eine Maßnahme von Barbie gewesen sein kann. Ich habe nichts gehört, dass Angehörige unserer Dienststelle 41 jüdische Kinder nach Drancy transportieren mussten."³⁰¹

Barbie wird als alleiniger Vollstrecker der „Endlösung der Judenfrage" in Lyon bezeichnet. An den Razzien von Izieu und gegen die jüdische Organisation UGIF am 9. Februar 1943 waren zahlreiche Mitarbeiter der Abteilung IV der Sipo-SD beteiligt.³⁰² Jedoch wurde 1987 nur Klaus Barbie als Anstifter diese Verbrechen verurteilt,³⁰³ obwohl viele seinen mörderischen Befehlen folgten.

---

299 BA Ludwigsburg, B 162/3398, Militärgericht von Lyon, Verfahren gegen Floreck Ernst Frederic, verurteilt am 25. November 1954 zum Tode, S. 15.
300 CDJC, VII-10, Telegramm von Klaus Barbie an die Abteilung IV B 4 der Pariser Sipo-SD, die Razzia des jüdischen Kinderheims Izieu betreffend, 6. April 1944; Serge Klarsfeld (1985), S. 159–160.
301 BA Ludwigsburg, B 162/3403, Hessisches Landeskriminalamt, z. Z. Wolthausen, Vorladung Palk Ferdinands, 16. Dezember 1964, S. 11.
302 CDJC, XLVI – 30/39, Bericht Klaus Barbies an Knochen, die Razzia der UGIF betreffend, Lyon, 15. Februar 1943.
303 Die Razzien von UGIF und Izieu sowie der letzte Transport von Lyon nach Auschwitz am 11. August 1944 waren die drei Anklagepunkte für Verbrechen gegen die Menschlichkeit, für die Barbie vom Gerichtshof von Lyon 1987 zur lebenslanger Haft verurteilt wurde. Vgl. Sorj Chalandon, Pascale Nivelle (1998).

Schließlich muss noch ein dritter Erklärungsfaktor berücksichtigt werden, um die verschwommenen Verantwortlichkeiten zwischen den verschiedenen Besatzungsorganen in der Repression zu verstehen. Durch die komplexen hierarchischen Beziehungen zwischen den zahlreichen militärischen und polizeilichen Behörden und den Mangel an alltäglichen Quellen erweist es sich als schwierig, die Autonomie der einzelnen Akteure einzuschätzen. Zudem sind die Beziehungen zwischen Zentrum (Lyon, Paris) und Peripherie (Außen- und Nebendienststellen) nicht immer klar definiert. Durch die besondere Lage in Lyon und seiner Umgebung, die durch eine hohe Aktivität des Widerstands geprägt war, schien die Kommunikation zwischen Haupt- und Außendienststellen aus technischen Gründen immer schwieriger oder gar unmöglich, je näher das Ende der Besatzung rückte.

> „[…] [I]m Heeresgebiet Südfrankreich wird die Verwaltungsarbeit auf allen Gebieten beeinträchtigt, zumal bei den ständigen schweren Unterbrechungen und Störungen des Eisenbahn-, Post- und Straßenverkehrs schnelle Entscheidungen vorgesetzter Dienststellen kaum noch eingeholt werden können und viele Dienststellen daher oft für längere Zeit selbständig handeln müssen."[304]

Durch ihrer verschiedenen „Pläne" hoffte die *Résistance*, die deutschen Dienststellen durch die Unterbrechung ihrer Kommunikationsmöglichkeiten paralysieren zu können. Insbesondere die erhöhte „Terroristenaktivität" im Frühjahr und Sommer 1944 scheint auf Seiten der Besatzer Gegenmaßnahmen provoziert zu haben, die immer gewalttätigere und massivere Züge annahmen. Die Befehle, die im Rahmen der „Bandenbekämpfung" in den *maquis* gegeben wurden – u. a. der Sperrle-Befehl vom 3. Februar 1944 – gaben den polizeilichen und militärischen Einheiten das Recht, ohne Rücksicht auf die Zivilbevölkerung Verdächtige an Ort und Stelle zu erschießen.[305] Da die Exzesse durch obere Behörden gedeckt waren, wurde der Willkür ein

---

304 AN, AJ 40/448, AN, AN 40/448, Lagebericht der Abteilung Verwaltung und Wirtschaft vom 1. April bis zum 30. Juni 1944, Kommandanten des Heeresgebiets Südfrankreich, Geh., S. 17.
305 Text des Oberbefehlshabers West, TMI XXIV, S. 242 f., zitiert nach Rita Thalmann, „Ordre et sécurité: l'évolution de la politique d'occupation en France", in: Stefan Martens, Maurice Vaïsse (Hrsg.), *Frankreich und Deutschland im Krieg (November 1942 – Herbst 1944). Okkupation, Kollaboration, Résistance*, Bonn 2002, S. 616.

Raum eröffnet, der ohne Quellen einzelner Soldaten oder SS-Angehöriger schwer einzuschätzen ist.

Anhand der Darstellung der Akteure der Besatzung und Repression und einiger Merkmale der Okkupation von Lyon, die schon ansatzweise die Frage der Gewaltspirale im Gebiet Lyon beantworten konnten, wurden die Grenzen der vorliegenden Quellen herausgestellt. Weitere Erklärungsfaktoren für den Fall der Stadt Lyon und ihrer Besatzungsgeschichte sollen nun durch die Ergebnissen der „Täterforschung" in Ost- und Westeuropa ergänzt werden, um das Täterbild der Lyoner Besatzungsbehörden und eventuelle Parallele zur Repression in Osteuropa herauszuarbeiten.

2. Der Einfluss der nationalsozialistischen Weltanschauung auf die Bekämpfung des französischen Widerstands in Lyon

2.1 Das Bild des Widerständlers in den deutschen Quellen

2.1.1 Juristische Grundlagen und praktische Interpretation in Frankreich

Bevor das Bild des Widerständlers oder „Freischärlers" in den deutschen Quellen analysiert werden kann, gilt es, die juristischen Grundlagen zu untersuchen, auf die sich die deutschen Besatzer in ihrer Repressionspolitik stützten. In der neueren Historiographie zur Besatzung Frankreichs und Westeuropas wird der juristische Aspekt nicht immer berücksichtigt.[306] Positive Ausnahmen bilden Peter Lieb mit einem ganzen Kapitel zur Theorie des Partisanenkriegs sowie Thomas J. Laub mit einer Überblicksdarstellung zur Okkupation Frankreichs.[307]

Eine Auseinandersetzung mit dem völkerrechtlichen Diskurs auf deutscher Seite ist deshalb von zentraler Bedeutung, weil die Besatzer in Frankreich, ganz im Gegensatz zum Osten, bemüht waren, daraus Legitimität abzuleiten.[308] Die Rechtsgrundlage im besetzten Frankreich bildete das humanitäre Völkerrecht und insbesondere die Haager Landeskriegsordnung (HLKO) von 1899/1907,[309] die sich mit Fragen der Kriegsführung, der Kriegsgefangenen und der militärischen Gewalt in besetzten Gebieten befasst.[310] Allerdings hatte bereits der Erste Weltkrieg die Grenzen der HLKO offengelegt. Lücken im positiven Recht ermöglichten eine regellose

---

306 Ahlrich Meyer z. B. erwähnt nur flüchtig die europäischen Kriegsgesetze und die deutsche Interpretation davon im Kampf gegen die Widerständler. Vgl. Ahlrich Meyer (2002), S. 161.
307 Peter Lieb (2007), S. 233–258; Thomas J. Laub, *After the fall. German policy in occupied France, 1940–1944*, Oxford 2010, S. 90–111.
308 Peter Lieb (2007), S. 233.
309 Regina M. Delacor (2000), S. 13.
310 Thomas J. Laub (2010), S. 91.

Kriegsführung.³¹¹ Die Frage nach dem Recht auf Widerstand in besetzen Gebieten führte bereits 1907 zu Differenzen zwischen den europäischen Nationen.³¹² Die Problematik des Partisanenkriegs³¹³ wurde von den vertragschließenden Ländern unterschiedlich bewertet. Während es im Interesse der Großmächte lag, Partisanenangriffe auf ihre Truppen grundsätzlich zu ächten, sahen kleinere Staaten gerade in irregulären Einheiten ihre Stärke. Der Interessenkonflikt resultierte in einem Kompromiss, der das Problem jedoch nicht zufriedenstellend lösen konnte. In Artikel 1 der HLKO wurden vier Kriterien festgelegt, nach denen Milizen und Freiwilligen-Korps als Kombattanten anerkannt werden konnten:

> „Artikel 1.
> Die Gesetze, die Rechte und die Pflichten des Krieges gelten nicht nur für das Heer, sondern auch für Milizen und Freiwilligen-Korps, wenn sie folgende Bedingungen in sich vereinigen:
> 1. daß jemand an ihrer Spitze steht, der für seine Untergegebenen verantwortlich ist,
> 2. daß sie ein bestimmtes aus der Ferne erkennbares Abzeichen tragen
> 3. daß sie die Waffen offen führen und
> 4. daß sie bei ihren Unternehmungen die Gesetze und Gebräuche des Krieges beobachten."³¹⁴

Im Artikel 2 wurde „der Bevölkerung eines nicht besetzten Gebiets" das Recht eingeräumt, die Waffen zu ergreifen, wobei nur zwei der vier Bedingungen des ersten Artikels erfüllt sein mussten: das offene Tragen der Waffen sowie die Achtung der Gesetze und Gebräuche des Krieges.³¹⁵

---

311 Peter Lieb (2007), S. 235.
312 Vgl. James Brown Scott, *The Hague Conventions and Declarations of 1899 and 1907*, New York 1915, S. vi-vii.
313 Vgl. Heinz Knackstedt, „Kombattanten", in: Hans-Jürgen Schlochauer (Hrsg.), *Wörterbuch des Völkerrechts*, Bd. 2, Frankfurt am Main 1961, S. 259–261; Jürg H. Schmid, „Partisanen", in: Ebd., S. 744f.
314 Haager Abkommen, betreffend die Gesetze und Gebräuche des Landkriegs vom 18. Oktober 1907, Reichsgesetzblatt von 1910, S. 107–151, zitiert nach: Hamburger Institut für Sozialforschung (Hrsg.), *Verbrechen der Wehrmacht. Dimensionen des Vernichtungskrieges 1941–1944. Ausstellungskatalog*, Hamburg 2002, S. 17–18.
315 „Artikel 2: Die Bevölkerung eines nicht besetzten Gebiets, die beim Herannahen des Feindes aus eigenem Antrieb zu den Waffen greift, um die eindringenden Truppen zu bekämpfen, ohne Zeit gehabt zu haben, sich nach Artikel 1 zu

Diese Klausel galt nur vor der Besetzung eines Landes. Danach verlor die Bevölkerung des besiegten Landes das Recht auf eine bewaffnete Auflehnung gegen den Sieger.[316] Für alle offenen Fragen wurde in der Präambel der HLKO die Martens'sche Klausel eingeführt:

> „Solange, bis ein vollständiges Kriegsgesetzbuch festgestellt werden kann, halten es die hohen vertragschließenden Theile für zweckmäßig, festzusetzen, dass in den Fällen, die in den von ihnen angenommenen Bestimmungen nicht vorgesehen sind, die Bevölkerungen und Kriegführenden unter dem Schutze und den herrschenden Grundsätzen des Völkerrechts bleiben, wie sie sich aus den unter gesitteten Staaten geltenden Gebräuchen, aus den Gesetzen der Menschlichkeit und aus den Forderungen des öffentlichen Gewissens herausgebildet haben."[317]

Historiker der Besatzung Frankreichs sind sich über die Bedeutung der HLKO zur Frage des Widerstandsrechts nicht einig. Peter Lieb tendiert zu einer restriktiven Interpretation durch die deutschen Besatzer und kritisiert die Interpretationen von Ahlrich Meyer und Regina Delacor indem er feststellt, dass es „in der Haager Landeskriegsordnung kein festgeschriebenes Widerstandsrecht der Bevölkerung eines besetzten Gebiets" gegeben habe.[318] Gaël Eismann wirft Lieb wiederum vor, sich dadurch zu eng an der Vorstellung des Kriegsrechts der deutschen Besatzer zu orientieren und somit die Hinrichtung festgenommener Widerstandskämpfer nicht als Kriegsverbrechen als solche zu betrachten.[319]

Neben der HLKO versuchten die deutschen Besatzer mit Artikel 10 des Waffenstillstands von 1940 die Sicherheit ihrer Truppen zu gewährleisten und die Möglichkeit des bewaffneten Widerstands so weit wie möglich einzuschränken.

---

organisieren, wird als kriegsführend betrachtet, wenn sie die Waffen offen führt und die Gesetze und Gebräuche des Krieges beobachtet." Ebd.
316 Leon Friedman (Hrsg.), *The Laws of War: A documentary history*, Bd. 1, New York 1972, S. 308–323.
317 Ernst Lodemann, *Kodifiziertes internationales deutsches Kriegsrecht*, Berlin 1937, S. 22f. Zitiert nach Peter Lieb (2007), S. 236.
318 Lieb widerspricht Meyer, der der Bevölkerung eines besetzten Gebiets das Recht auf Widerstand zugebilligt sieht und laut dem die Präambel der HLKO „dem Schutz von Guerilla-Kämpfern" dient. Vgl. Ahlrich Meyer (2002), S. 161.
319 Gaël Eismann (2010), S. 71.

„Die Französische Regierung verpflichtet sich, mit keinem Teil der ihr verbliebenen Wehrmacht und in keiner anderen Weise weiterhin feindselige Handlungen gegen das Deutsche Reich zu unternehmen. [...] Französische Staatsangehörige, die dem zuwiderhandeln, werden von den deutschen Truppen als Freischärler behandeln werden."[320]

Wie Peter Lieb anmerkt, betraf diese Vereinbarung aber nur den französischen Staat, nicht einzelne französische Staatsangehörige. Der Artikel war insofern von zentraler Bedeutung, „als sich französische Widerstandskämpfer nicht mehr auf ihre Staatsangehörigkeit berufen konnten".[321] International war unbestritten, dass Partisanen einem Staat angehören mussten. Selbst Gaullisten konnten sich nicht auf De Gaulle berufen, da das *Comité français de Libération Nationale* („Französisches Komitee der nationalen Befreiung") von den Alliierten erst im August 1944 als „*de-facto* Gewalt" und am 22. Oktober 1944 als „vorläufige Regierung" anerkannt wurde.[322] Ein Bericht des Verwaltungsstabes im Frühjahr 1945 bestätigt diese deutsche Sichtweise auf den Widerstand, die während des gesamten Besatzungszeitraums vorherrschte:

„Jeder Aufstand der Zivilbevölkerung gegen die Besatzungsmacht [...] bilde[t] eine Verletzung der internationalen Beziehungen zwischen der Besatzungsmacht und der Bevölkerung [...]."[323]

In ihrer Konsequenz führte diese restriktive Interpretation des Widerstandsrechtes der HLKO dazu, dass Widerstandskämpfer, als Freischärler betrachtet, von deutscher Seite nicht den Status eines Kriegsgefangenen erhielten und deshalb mit der Todesstrafe rechnen mussten.[324]

---

320 Druck des Waffenstillstandsvertrags von 1940, beispielsweise: *Akten zur Deutschen Auswärtigen Politik 1918–1945*, Serie D, Band IX, *Die Kriegsjahre*, Bd. 2, Frankfurt am Main, S. 556. Zitiert nach Peter Lieb (2007), S. 236.
321 Peter Lieb (2007), S. 237.
322 Ebd.
323 BA-MA, RW 35/555, Bericht des Verwaltungsstabs über die zur Bekämpfung der Sabotage in Frankreich ergriffenen Vorbeugungs- und Sühnemaßnahmen, Frühjahr 1945, S. 5.
324 Jean Solchany, „Le commandement militaire en France face au fait résistant", in: Laurent Douzou, Robert Frank, Denis Peschanski, Dominique Veillon (Hrsg.), *La Résistance et les Français: Villes, centres et logiques de décision*, Institut d'Histoire du Temps Présent, Akten der internationalen Tagung, Cachan, 16.-18. November 1995, S. 518.

Peter Lieb schließt daraus, „[...] dass es sich bei der Erschießung gefangener Partisanen völkerrechtlich nicht von vornherein um ein Kriegsverbrechen handeln musste – selbst wenn die Exekution ohne ein kriegsgerichtliches Verfahren erfolgte".[325] Er unterscheidet später zwischen „Kriegsverbrechen im juristischen Sinne" und „Kriegsverbrechen im ethischen Sinne" und unterstreicht, dass „von allen Kriegsparteien die Deutschen die vom Kriegsvölkerrecht gegebenen Spielräume stets am exzessivsten auslegten".[326] Die Hinrichtung von gefangenen Freischärlern beurteilt er als „völlig völkerrechtskonform".[327]

Tatsächlich hatte die deutsche Besetzung Frankreichs sowohl gegen den Waffenstillstandsvertrag von 1940 als auch gegen das „Gesetz der Menschlichkeit" verstoßen. Insofern konnten sich deutsche Juristen kaum auf die HKLO berufen, da die Herrschaftsmethoden in Frankreich bis 1944 stetig an Brutalität zunahmen und die Fürsorgepflicht des Besatzers gegenüber der besetzen Bevölkerung, insbesondere im Falle der jüdischen Einwohner, grob verletzt wurde.[328] Gegen den Waffenstillstandsvertrag verstieß das Deutsche Reich spätestens mit der Besetzung der Südzone im Jahr 1942. Der wachsende französische Widerstand wurde stark durch die Folter und Hinrichtungen beinhaltende Herrschaftspraxis der deutschen Besatzer bedingt. Selbst Widerständler, die im Sommer 1944, wie von der HKLO verlangt, offen Abzeichen und Waffen trugen, wurden von den Besatzern in der Regel, obwohl es in Betracht gezogen wurde, nicht als offizielle Kombattanten anerkannt.[329] Schon 1943 stellte sich diese Frage anlässlich der Kämpfe in Korsika im September, weil die Alliierten beteiligte Widerständler als Spezialtruppen der regulären Armee definierten. Die Abteilung Justiz des Militärbefehlshabers in Frankreich und der Wehrmachtführungsstab teilten die Ansicht, dass den Widerstandsgruppen nicht der Status von Kombattanten zugebilligt werden könne. Auch wenn bei der Abteilung Justiz im

---

325 Peter Lieb (2007), S. 253.
326 Ebd., S. 257.
327 Ebd., S. 268.
328 Ebd., S. 258.
329 So beauftragte der MBF, das „Auftreten der Terroristen" nach den vier Bedingungen des ersten Artikels der HLKO zu dokumentieren. BA Berlin, R/70/12, Schreiben des MFB, Abteilung Ic, Betr.: Auftreten von Terroristen und FFI, Paris, 19. Juni 1944, Geh.

Stab des Militärbefehlshabers seit der Landung der Alliierten Zweifel an der juristischen Betrachtungsweise des Partisanenkampfes aufkamen, wurde offiziell weiterhin jedem Mitglied der Widerstandsbewegung, auch aktiven französischen Soldaten, die Kombattanteneigenschaft abgesprochen.[330] Erst am 22. September 1944, nach dem Abzug des Großteils deutscher Truppen aus Frankreich, akzeptierte der Wehrmachtführungsstab den Vorschlag des Oberbefehlshabers West, Angehörige der französischen Widerstandsbewegung als Kombattanten zu behandeln. Dies betraf jedoch nur Kombattanten an der Front, nicht „hinter der Front", und führte somit zu keiner Veränderung in der Politik der deutschen Besatzer gegenüber dem französischen Widerstand.[331]

2.1.2 Das Bild des „Freischärlers" und des französischen Widerstands in den deutschen Quellen zu Lyon

Lyon war ein Zentrum der französischen Widerstandsbewegungen und wurde auch als solches von den deutschen Besatzern wahrgenommen. Im Frühjahr 1943 entdeckte die französische Polizei bei Verhaftungen Dokumente, die die Organisationstruktur der Geheimarmee[332] enthüllten. Sie leitete die Papiere an die Sipo-SD weiter, die, der Bedeutung des Materials bewusst, in Kooperation mit der Abwehr aus Dijon und der Sipo-SD aus Marseille am 21. Juni 1943 Jean Moulin und weitere Führungsfiguren der Geheimarmee verhaftete.[333] Neben der städtischen *Résistance* in ihren unterschiedlichen Formen waren die *départements* in der Umgebung von Lyon Zentren des *maquis*-Widerstands. Trotz militärischer und polizeilicher Bekämpfung der *maquisards* ab dem Winter 1943–1944 gelang es der Lyoner Sipo-SD und den verschiedenen Polizei- und Militäreinheiten, die im Ain und Jura operierten, letztlich nicht, der Dynamik der nationalen Befreiung, die sich vor allem seit der alliierten Landung im Juni 1944 entfaltete, Einhalt zu

---

330 Peter Lieb (2007), S. 245–248.
331 Ebd., S. 252.
332 Die „Geheimarmee" (*Armée secrète*) wurde 1942 von Jean Moulin durch die Zusammenfassung der drei Hauptwiderstandsbewegungen der Südzone, *Combat*, *Libération* und *Franc-Tireur*, ins Leben gerufen.
333 Jean-Pierre Azéma, Dominique Veillon, „Le point sur Caluire", in: Jean-Pierre Azéma, François Bédarida, Robert Frank (Hrsg.) (1994), S. 135.

gebieten. Die Aktivität der „Terroristen" und der „Banden" wurde zu einem der größten Probleme der deutschen Besatzung; umso mehr, als Frankreich wieder zum Kriegsschauplatz wurde. Während sich die Sicherheitslage in Teilen Frankreichs Anfang 1944 noch weitgehend stabil darstellte,[334] waren besonders Lyon und einige Regionen Südfrankreichs bereits stark von Widerstandsaktivität betroffen.[335] Die Allgegenwart von Sabotageakten[336] in Lyon und die Überforderung der deutschen Dienststellen in den ländlichen Gegenden trug zur Entstehung spezifischer Bilder des französischen Widerstands und seiner verschiedenen Ausprägungen bei.

Schon vor dem eigentlichen Einsatz in Frankreich bestand bei deutschen Besatzungsangehörigen ein auf vorhergehenden Konflikten basierendes mentales Konstrukt, das über die ‚offizielle' juristische Beschreibung eines Freischärlers hinausging. Dieses verbreitete Bild war das eines Kriminellen, der deutsche Soldaten feige hinterrücks attackierte.[337] Die Thematik des Angriffs aus dem Hinterhalt war wichtiger Bestandteil der Wahrnehmung und führte zur Kriminalisierung aller Zivilisten, die mit Waffengewalt gegen die deutschen Besatzer kämpften.[338] Dies wird in einem Schreiben des Oberbefehlshabers West von 1944 deutlich:

> „Aufgrund einer Anfrage [unleserlich] über Austausch von Gefangenen mit französischen Widerstandsgruppen weist Ob. West nochmals darauf hin, dass alle

---

334 Insbesondere in den Küstenregionen, wo die meisten deutschen Soldaten stationiert waren. Vgl. Peter Lieb (2007), S. 265.
335 AN, AJ 40/467, Tätigkeitsbericht für die Monate Oktober, November, Dezember 1943, Kommandant des Heeresgebiets Südfrankreichs, Abteilung Ia Nr. 5078/44, geh., Lyon, 10. Januar 1944: 1 157 Fälle von Sabotageakten wurden in dieser Zeit im Bereich des Hauptverbindungsstabs 590 gemeldet.
336 Insbesondere mit der Umsetzung der „Pläne" der *Résistance* vor und nach der alliierten Landung in der Normandie. Vgl. Marcel Ruby (1995), S. 478.
337 Alan Kramer, „Les «atrocités allemandes»: mythologie populaire, propagande et manipulations dans l'armée allemande", *Guerres mondiales et conflits contemporains*, Nr. 171, 1993, S. 47–67.
338 Jean Solchany (1995), S. 518. Diese Angst vor einem Angriff von hinten lässt sich von vorhergehenden Konflikten ableiten, wie z. B. der Invasion Belgiens durch die deutsche Armee während des Ersten Weltkrieges, wo dies eine gängige Taktik der belgischen Armee war. Vgl. Jochen Böhler, „«Mythe du franc-tireur» et atrocités de guerre: une constante de la conduite allemande de la guerre lors des deux conflits mondiaux?", in: Bernard Garnier, Jean-Luc Leleu, Jean Quellien (Hrsg.) (2007), S. 33.

Angehörigen von Widerstands- und Aufstandsbewegungen im Rücken der Truppe ausnahmslos als Freischärler zu behandeln sind. Mit Freischärlern wird nicht verhandelt. Austausch von Gefangenen ist verboten. Truppe ist zu belehren."[339]

Die Attentate kommunistischer Widerständler ab Ende 1941 ließen nach dem relativ ruhigen ersten Jahr der Besatzung „judeo-bolschewistische" Feindbilder aufleben. Als Vergeltungsmaßnahmen wurden Juden und Kommunisten, die kollektiv dem Kreis der mutmaßlichen Attentäter zugerechnet wurden, hingerichtet oder in den Osten deportiert. Das Bild des Freischärlers war in dieser Zeit stark rassenideologisch geprägt.[340] Laut Peter Lieb „verschwand dieses [Feindbild des „jüdischen Bolschewisten"] aber in den Jahren 1943/44 fast völlig."[341] In seinem Kapitel zur Theorie des Partisanenkampfs schreibt er abschließend: „Die französische Widerstandsbewegung stellte für die deutschen Befehlshaber 1944 eindeutig ein militärisches und nicht ein ideologisches Problem dar."[342] Dem widerspricht Ahlrich Meyer, der die Gegenthese vertritt, dass die Judenverfolgung fester Bestandteil der Partisanenbekämpfung gewesen sei.[343] Regina M. Delacor spricht schon ab der „Geiselkrise" 1941 im Zusammenhang mit der Kommunistenbekämpfung von einer „Ausdehnung des Weltanschauungskriegs in Frankreich"[344]. Auch Gaël Eismann stimmt der These von der Verschmelzung der Judenverfolgung und der Widerstandsbekämpfung als Mechanismus der Radikalisierung der Repression in Frankreich analog zu Osteuropa grundlegend zu. Sie warnt jedoch vor einer alleinigen Betrachtung der Repressionswelle nach den kommunistischen Attentaten 1941–1942 durch die Perspektive des „Weltanschauungskriegs".[345]

In den Quellen zu Lyon treten drei Aspekte im Hinblick auf die Wahrnehmung der *Résistance* durch die verschiedenen Dienststellen in Lyon besonders hervor: Das nur mäßige Wissen über Vielfalt und Organisation

---

339 BA Berlin, R/70/12, Schreiben des MBF, Betr.: Behandlungen der Angehörigen feindlicher Widerstandsbewegungen, Zitat des Oberbefehlshabers West, Ic/AO Nr. 4410/44 geh. vom 12. Juli 1944, 15. Juli 1944.
340 Jean Solchany (1995), S. 522–523.
341 Peter Lieb (2007), S. 240.
342 Ebd., S. 283.
343 Ahlrich Meyer (2002), S. 178–179.
344 Regina M. Delacor (2000), S. 30.
345 Gaël Eismann (2010), S. 69.

der verschiedenen Widerstandsbewegungen, die Überschätzung der Stärke dieser Gruppen und die grundsätzliche Unterscheidung zwischen „Kommunisten" und „Gaullisten".

Widerständler, die Sabotageakte oder Attentate auf Angehörige der Besatzungsmacht durchführten, wurden üblicherweise als „Terroristen" bezeichnet, die im Rahmen von „Bandentätigkeiten" agierten: „Verstärkte Bandentätigkeit. [...] 3 Wehrmachtsangehörige durch Terroristen beschossen."[346] In Ereignismeldungen des Befehlshabers der Sipo-SD für die Region Lyon in den Monaten Juni und Juli 1944, die sowohl von Großunternehmen gegen den *maquis* wie von einzelnen Sabotageakten berichten, wurden die Begriffe „Terroristenaktivität" und „Widerstand" synonym benutzt und teilweise in „kommunistische" oder „gaullistische Betätigung" ausdifferenziert.[347]

Diese Dichotomie war ausschlaggebend für die Bezeichnung der verschiedenen Widerstandsbewegungen durch die deutschen Dienststellen, die nur über wenige Informationen zu diesen Gruppierungen verfügten. Statistiken zu Inhaftierungs- und Deportationsgründen des Wehrmachtsgefängnisses Montluc in Lyon spiegeln die fehlende Präzision des Begriffs „Bandentätigkeit" wieder. Von 41 wegen Widerstandsaktivität inhaftierten Personen lautete die Anklage bei 13 „antideutsche Aktivität", bei 10 „Mitglied in einer Widerstandsbewegung", bei acht „terroristische Aktivität", bei zweien „Verteilung von Flugblättern" und bei jeweils einem „Gaullist" und „Kommunist".[348] Diese Bezeichnungen stimmen mit denjenigen überein, die in Tagesmeldungen oder -berichten Verwendung fanden. Allgemein wurden Widerständler überwiegend über die Art und Weise ihrer Aktivität (Attentate, Sabotageakte) oder den kriminellen Status („Bandentätigkeit", „Terroristen") definiert und weniger über ihre politische Zugehörigkeit – und dann nur als „Kommunisten" oder „Gaullisten", obwohl sich die Struktur der *Résistance* tatsächlich weit heterogener darstellte.

---

346 AN, AJ 40/965, Tagesmeldungen vom 18. August 1944, Kommandanten des Heeresgebiets Südfrankreich, Abteilung Verwaltung und Wirtschaft, Lyon, 19. August 1944.
347 AJ 40, F/7/15142, Ereignismeldungen des Befehlshabers der Sipo-SD im Bereich des MBF, Bereich des KdS Lyon, Juni-Juli 1944.
348 Claire Vieillard (2002), S. 140.

Die Kriminalisierung durch die offizielle Bezeichnung „Terroristen" bildete einen zentralen Aspekt bei der Bewertung des Widerstands, der so delegitimiert werden sollte.[349] Selbst militärische Berichte, die sich kritisch zu den Methoden der Sipo-SD äußerten und diesen für das Erstarken der Widerstandsbewegung und eine verstärkte Abwanderung zum *maquis* verantwortlich machten, sprachen den Widerständlern unter dem gängigen Terminus „Terroristenwesen" jegliche Legitimität ab.[350] Aufgrund des Mangels an Quellenmaterial kann der Einfluss der nationalsozialistischen Weltanschauung auf die Wahrnehmung des Widerstands in Lyon nur schwerlich herausgearbeitet werden. Anhand eines wichtigen Faktors lässt sich jedoch eine Hypothese aufstellen: Der Partisanenkrieg der *Résistance*, ob in der Stadt oder in *maquis*-Gebieten, hatte auf psychologischer Ebene großen Einfluss auf die deutschen Dienststellen, die sich von Feinden umzingelt wähnten.[351] Ein Beispiel für diese imaginierte Allgegenwart der Widerständler findet sich in einem Bericht über die Auswirkungen der „Invasion" der Alliierten am 6. Juni 1944.

> „Während bis dahin die Tätigkeit der Terroristen sich auf bestimmte Bezirke beschränkt hatte, wurden nunmehr Bezirke durch die Tätigkeit der Terroristen in Mitleidenschaft gezogen, die bis dahin völlig terroristenfrei gewesen waren. [...] Durch die zahllosen schlagartig einsetzenden Anschläge auf die Fernsprechverbindungen und das Eisenbahnnetz dieser auf mindestens 100 000 Männer geschätzten Banden wurde der Nachrichtenverkehr [...] völlig unterbrochen."[352]

Bedenkt man, dass sich auf dem *Plateau des Glières* nur 450 Widerständler befanden und am wichtigsten deutschen Großunternehmen der Sommermonate 1944 gegen den *maquis* des Vercors ‚nur' 8 000 Mann teilnahmen, erscheint die Zahl von „mindestens 100 000" Widerständlern erheblich übertrieben.[353]

---

349 Peter Lieb (2007), S. 240.
350 AN, AJ 40/965, Einsatzbericht des Sonderführers René Maikowski an den Leiter der Abteilung Verwaltung und Wirtschaft, Kommandant des Heeresgebiets Südfrankreich, o. D. [vermutlich September oder Oktober 1944], S. 6.
351 Peter Lieb (2007), S. 299.
352 AN, AJ 40/448, Lagebericht der Abteilung Verwaltung und Wirtschaft, Kommandant des Heeresgebiets Südfrankreich vom 1. April bis zum 30. Juni 1944, „Auswirkungen der Invasion", S. 54.
353 Peter Lieb (2007), S. 322; 339.

Neben der Personenstärke überschätzten die deutschen Dienststellen auch die Bewaffnung der Widerstandsgruppen bei weitem. Die FFI [*Forces Françaises de l'Intérieur*, „Französische Streitkräfte im Inneren"[354]] waren den Deutschen tatsächlich an „Bewaffnung, Munition, Ausbildung und Kampferfahrung" weit unterlegen.[355] Der Vergleich zwischen einem Schlussbericht des Kommandanten des Heeresgebiets Südfrankreich und Publikationen ehemaliger Widerständler wie Alban Vistel und Marcel Ruby liefern gänzlich konträre Einschätzungen zur Stärke der *Résistance*.[356] Der Berichterstatter für den Kommandanten des Heeresgebiets Südfrankreich urteilte in seinem Schlussbericht, dass „die deutsche Gegenwehr" in Anbetracht des „vorbildlichen Zusammenspiel[s] zwischen der feindlichen Luftwaffe und den Sabotagetrupps der Widerstandsbewegung [...] wirkungslos blieb."[357] Dabei lässt sich das Scheitern jedoch eher auf „die elastische Kriegsführung" der Widerständler als auf den „Mangel genügender Kräfte" zurückführen,[358] da die deutschen Einheiten während der Großunternehmen des Frühjahrs und Sommers 1944 ihren Gegner zahlenmäßig weit überlegen waren.[359]

> „Hierdurch war es auch möglich gewesen, dass die Widerstandsbewegung bereits seit Monaten vor Beginn der Invasion durch tägliche Einflüge grösserer Verbände planmässig aus der Luft versorgt werden konnte, und alles an Waffen und Munitionen erhalten hatte, was sie zur Ausrüstung ihrer Verbände brauchte."[360]

Die Situation der FFI stellte sich bei weitem nicht so positiv dar, wie im Bericht angenommen wird. Die Führung der *Résistance* in London

---

354 Vereinte Organisation aller heimlichen militärischen Widerstandskräfte Frankreichs, die 1944 entstand.
355 Peter Lieb (2007), S. 287–288.
356 Siehe auch Lutz Klinkhammer, „Der Partisanenkrieg der Wehrmacht 1941–1944", in: Rolf-Dieter Müller, Hans-Erich Volkmann (Hrsg.), *Die Wehrmacht. Mythos und Realität*, München 1999, S. 826.
357 AN, AJ 40/965, Schlussbericht für die Zeit vom 1. Juli bis zum 2. September 1944, Kommandant des Heeresgebiets Südfrankreich, Abteilung Verwaltung und Wirtschaft, Reststab, S. 5.
358 Ebd.
359 Peter Lieb (2007), S. 299.
360 AN, AJ 40/965, Schlussbericht für die Zeit vom 1. Juli bis zum 2. September 1944, Kommandant des Heeresgebiets Südfrankreich, Abteilung Verwaltung und Wirtschaft, Reststab, S. 6.

konzentrierte ihre Ressourcen nach der Landung der Alliierten auf die Sicherung der Normandie und weigerte sich vorerst, *Résistance*-Gruppen in anderen Teilen Frankreichs umfangreiche Mittel zur Verfügung zu stellen, da sie für die militärische Rückeroberung Frankreichs mehrere Monate eingeplant hatte.[361] General Koenig, Oberkommandierender der FFI, schrieb in einem Telegramm vom 17. Juni 1944 an Alban Vistel, den Regionalchef der FFI:

> „17 Juni: Dringend und wichtig – ausdrücklicher Befehl, die Guerilla-Aktivität so weit wie möglich zu bremsen – sind momentan nicht in der Lage, euch in ausreichender Menge mit Waffen und Munitionen zu versorgen [...] – bildet kleine, isolierte Gruppen, meidet große Zusammenschlüsse – unterzeichnet: Koenig"[362]

Die Quellen offenbaren einen Widerspruch zum Bild des allgegenwärtigen Widerstands, der auf die permanente Unterstützung aus London zählen konnte. Neben einer offensichtlich übersteigerten Bedrohungswahrnehmung lässt sich die Überzeichnung der Stärke des Gegners im Abschlussbericht an Berlin teilweise auch dadurch erklären, dass die eigene Niederlage relativiert werden sollte – Julius Cäsar hatte schon in seinem *De Bello Gallico* die Tapferkeit der Gallier betont, um seinen eigenen Sieg noch bedeutender erscheinen zu lassen. Die Schlussberichte der deutschen Dienststellen erfüllten im Übrigen auch eine propagandistische Funktion: Sie sollten die Besatzung Frankreichs und die angewandten repressiven Methoden rechtfertigen.[363]

So scheint nicht die Zugehörigkeit zum ideologischen Feindbild des Kommunismus ausschlaggebend für die Furcht vor dem Widerstand und den Hass auf diesen gewesen zu sein, sondern vielmehr dessen gefühlte Allmacht und Allgegenwärtigkeit. Unterbrochene Kommunikationsmittel und -wege verstärkten bei den Außendienststellen das Gefühl, isoliert und auf sich allein gestellt der Gewalt der „Banden" ausgeliefert zu sein, die neben Sabotageakten auch gezielt Anschläge auf deutsche Besatzungsangehörige

---

361 Marcel Ruby (1995), S. 478.
362 Alban Vistel (1970), S. 457. „*17 Juin: Urgent et important – ordre formel freiner au maximum activité de guérilla – sommes dans l'impossibilité actuellement vous ravitailler en quantité suffisante armes et munitions [...] – constituez petits groupes isolés, évitez gros rassemblements – signé: Koenig*".
363 Siehe Gaël Eismann, „Le *Militärbefehlshaber in Frankreich*: les transformations de la mémoire savante", (2009).

durchführten. Das *Befehls- und Nachrichtenblatt des Befehlshabers der Sicherheitspolizei und des SD im Bereich des Militärbefehlshabers in Frankreich* widmete den getöteten Sipo-SD-Männern, die „für Reich und Führer ihr Leben gaben", eine schwarz-umrahmte Titelseite. Die Opfer auf deutscher Seite wuchsen, desto näher der Abzug rückte.[364] Das *Befehls- und Nachrichtenblatt* vom 31. Juli 1944 informiert über die Auszeichnung der ungewöhnlich hohen Zahl von 120 Sipo-SD-Männern verschiedener Sipo-SD-Stellen mit dem Eisernen Kreuz zweiter Klasse und dem Kriegsverdienstkreuz erster und zweiter Klasse, darunter Klaus Barbie, Erich Barthelmus, Karl Krull und sieben weitere Angehörige des KdS Lyon.[365] Die Auszeichnungen, auf dem Höhepunkt des Kampfes gegen die Widerstandsbewegungen ausgegeben, könnten auf die Hebung der Stimmung und des ‚Kampfgeistes' der Sipo-SD-Männer zu diesem kritischen Zeitpunkt abgezielt haben.

Auch wenn die deutsche Besatzungsmacht vielleicht aus rein ideologischer Sicht an der gaullistischen Bewegung weniger auszusetzen hatte als den Kommunisten, sah sie sich doch 1944 von einem Zusammenschluss aller politischer Richtungen (Gaullisten, Kommunisten, Giraudisten usw.) in der FFI bedroht, die sie unterschiedslos als Feinde und „Terroristen" definierte.

2.2 Der Beitrag der „Täterforschung" zur Geschichte der Besatzung Lyons

2.2.1 Wer sind die Täter? Kriterien zur Bildung von Täterprofilen in Ost- und Westeuropa

Nach dem Ende des Zweiten Weltkriegs und der Offenlegung des Ausmaßes der nationalsozialistischen Verbrechen befassten sich Historiker mit dem Phänomen des Holocausts und dessen Tätern. Da in den Nürnberger Prozessen nur die SS und die Gestapo als „verbrecherische Organisationen"

---

364 AN, F/7/115143, *Befehls- und Nachrichtenblatt des Befehlshabers der Sicherheitspolizei und des SD im Bereich des Militärbefehlshabers in Frankreich*, Paris, Februar-Juli 1944.
365 AN, F/7/115143, *Befehls- und Nachrichtenblatt des Befehlshabers der Sicherheitspolizei und des SD im Bereich des Militärbefehlshabers in Frankreich*, Paris, 31. Juli 1944, S. 52–54.

eingestuft wurden, blendete die Forschung zur Wehrmacht bis in die 1990er Jahren antisemitische Verbrechen und die „Endlösung der Judenfrage" weitgehend aus und konzentrierte sich stattdessen auf rein militärgeschichtliche Aspekte. Von den 1960er Jahren bis zum Ende der 1980er Jahre erschienen die Täter durch Abstrahierung- und Entpersonalisierungsprozesse als passive, bürokratische Vollstrecker. Auschwitz, und nicht die Massenerschießungen in den besetzten Ländern Osteuropas, entwickelte sich unter der Metapher der „Todesfabrik" zum Symbol der Shoah. Der Holocaust wurde zum „Automatismus ohne Menschen, vor allem ohne Täter, angetrieben von abstrakten, gesichtslosen Strukturen und Institutionen"[366]. In Hannah Arendts These zur „Banalität des Bösen" erschien Eichmann als Musterbeispiel des „Schreibtischtäters" und die Shoah als „Verwaltungsmassenmord", ein „moderner, bürokratisch organisierter und industriell betriebener Vernichtungsprozess"[367]. In der strukturgeschichtlichen Wende der 1970er Jahre verschwanden die Menschen fast vollkommen aus der Geschichte. Die Debatten um das „Wesen des Faschismus" und zwischen „Strukturalisten" und „Intentionalisten" standen im Mittelpunkt der Forschung. Die Menschen traten höchstens als willen- und motivlose Verkörperungen der herrschenden Strukturen oder als „Technokraten des Terrors" auf. Die individuelle Ebene der Shoah und ihrer Täter wurde nicht thematisiert. Eine sich am eigentlichen Sinne der Täterforschung orientierte Forschungsdisziplin entstand in Deutschland erst zu Beginn der 1990er Jahre. Zum ersten Mal betonten Historiker die Rolle individueller Täterschaft im Prozess der „Endlösung". Eine Reihe wegweisender Publikationen stimulierten Kontroversen und Debatten und verliehen der Täterforschung neue Impulse.[368]

---

366 Gerhard Paul, „Von Psychopathen, Technokraten des Terrors und ‚ganz gewöhnlichen' Deutschen. Die Täter der Shoah im Spiegel der Forschung", in: Gerhard Paul (Hrsg.) (2002), S. 20–21.
367 Hannah Arendt, *Nach Auschwitz. Essays und Kommentare*, Berlin 1989, S. II.
368 Gerhard Paul (Hrsg.), „Von Psychopathen, Technokraten des Terrors und ‚ganz gewöhnlichen' Deutschen. Die Täter der Shoah im Spiegel der Forschung", in: Gerhard Paul (Hrsg.) (2002), S. 25–37.

Christopher R. Browning untersuchte in seinem Werk *Ordinary men*[369] die Beteiligung des Polizeibataillons 101 an der „Endlösung" in Polen und arbeitete die Initiativen der Täter ‚von unten' heraus. Er „favorisierte einen multikausalen, behavioristisch-anthropologischen Erklärungsansatz, der institutionell-initiative Rahmenbedingungen ebenso berücksichtigte wie individuelle Täterdispositionen"[370]. Browning interessierte sich für das Stanford-Gefängnis-Experiment und das Gehorsams-Experiment Stanley Milgrams. Er zeigte, dass die Männer des Polizeibataillons 101 „ganz gewöhnliche" Deutsche waren, die töteten, weil sie eine Weigerung in ihrer Gruppensituation als „unsozialen Akt" ansahen. Sie trafen dazu Arrangements, die dazu dienten, ihre Taten zu rechtfertigen und sich auch angesichts der Grausamkeit weiterhin als Menschen fühlen zu können.[371]

Die Kontroversen um das Buch von Daniel J. Goldhagen[372] und die Wehrmachtausstellung des Hamburger Instituts für Sozialforschung[373] sorgten für die größten Debatten in der Täterforschung, die auch das breite Publikum erreichten. Goldhagen befasste sich in seinem Buch ebenfalls mit dem Polizeibataillon 101, kam jedoch zu einem ganz anderen Schluss als Browning. Goldhagen favorisierte ein intentionalistisches Täterbild. Er stellte die These auf, dass die Täter, die meisten von ihnen „ganz gewöhnliche" Deutsche, durch einen „eliminatorischen" bzw. „dämonologischen Antisemitismus" motiviert gewesen seien. Für seine monokausale Erklärung der Shoah und die Wiederbelebung eines lang überwunden geglaubten dämonisierenden und manichäischen Ansatzes erntete er starke Kritik.[374]

An der Kontroverse um die Wehrmachtsausstellung beteiligte sich ein weit breiteres Publikum als nur Historiker. Zum ersten Mal wurden die

---

369 Christopher R. Browning (1993).
370 Gerhard Paul „Von Psychopathen, Technokraten des Terrors und ‚ganz gewöhnlichen' Deutschen. Die Täter der Shoah im Spiegel der Forschung", in: Gerhard Paul (Hrsg.) (2002), S. 37.
371 Harald Welzer, „Wer waren die Täter? Anmerkungen zur Täterforschung aus sozialpsychologischer Sicht", in: Gerhard Paul (Hrsg.) (2002), S. 243–247.
372 Daniel J. Goldhagen, *Hitlers willige Vollstrecker. Ganz gewöhnliche Deutsche und der Holocaust*, Berlin 1996.
373 Hannes Heer, Klaus Naumann (Hrsg.) (1995).
374 Gerhard Paul, „Von Psychopathen, Technokraten des Terrors und ‚ganz gewöhnlichen' Deutschen. Die Täter der Shoah im Spiegel der Forschung", in: Gerhard Paul (Hrsg.) (2002), S. 40.

Verbrechen der Wehrmacht in den besetzten Ostgebieten thematisiert und das Tabu der Bilder der Shoah gebrochen, weil viele der Photographien Soldaten neben ihren Opfern zeigten. Die Ausstellung wurde zwar unter anderem deshalb kritisiert, weil sie in ihrer Verurteilung der Wehrmacht zu pauschal gewesen sei,[375] sie brachte aber die Verantwortung sowohl der hohen militärischen Verwaltungsebene als auch der einfachen Wehrmachtssoldaten in der „Endlösung der Judenfrage" zum ersten Mal klar ans Licht.

Die Ergebnisse mehrerer Jahrzehnte Täterforschung, in ihren verschiedenen analytischen Schwerpunkten und Orientierungen, ergeben heute ein differenziertes Bild der Täter, die sich nicht einfach in den Kategorien der „Schreibtisch-," oder der „Weltanschauungstäter" subsumieren lassen. Gerhard Paul unterscheidet zwischen vier verschiedenen Tätertypen, wie sie sich in der Täterforschung widerspiegeln. Es sind der Weltanschauungstäter, der utilitaristisch motivierte Täter, der kriminelle Exzesstäter und schließlich der traditionelle Befehlstäter. Wo bei den Befehlsgebern der „Endlösung" noch eine gewisse generationelle, soziale und berufliche Homogenität zu beobachten ist, lässt sich die Mehrheit der unmittelbaren Täter keinen vergleichbaren Gruppen zuordnen. Bei der Shoah als kollektive, arbeitsteilige Tat gibt es also für verschiedene Tätergruppen und Taten unterschiedliche Erklärungsansätze. Diese reichen von kulturellen Faktoren wie einer Entsolidarisierung und moralischen Verrohung der Menschen in der Zwischenkriegszeit über die Delegation von Verantwortlichkeit in einem arbeitsteilig organisierten Vernichtungsprozess bis zur weltanschaulichen Indoktrinierung, die, durch die Brutalisierung und Abstumpfung infolge der Kriegserfahrungen noch unterstützt, zu einer Radikalisierung und scheinbaren Selbstlegitimierung der Feindbilder führte. In der Praxis verbanden sich individuelle – unter anderem Opportunismus, Mordgier und Bereicherungssucht – und ideologische Motive auf vielfältige Weise.[376]

---

375 Horst Möller, „Vorwort", in: Christian Hartmann, Johannes Hürter, Ulrike Jureit (Hrsg.), *Verbrechen der Wehrmacht. Bilanz einer Debatte*, München 2005, S. 9–10; 12–15.
376 Gerhard Paul, „Von Psychopathen, Technokraten des Terrors und ‚ganz gewöhnlichen' Deutschen. Die Täter der Shoah im Spiegel der Forschung", in: Gerhard Paul (Hrsg.) (2002), S. 61–67.

Gemeinsam ist all diesen Arbeiten, dass sie sich in ihrer überwältigenden Mehrheit auf die Geschehnisse Osteuropas konzentrieren.[377] Autoren wie Peter Lieb haben eigens für den Kriegs- und Besatzungsschauplatz Frankreich (und allgemeiner für Westeuropa) Kriterien und Täterprofile entwickelt. Die Forschung zur Besatzung und den Verbrechen, die im Zweiten Weltkrieg in Westeuropa begangen wurden, hat die Befunde der Forschung zu Osteuropa, unter anderem die Auseinandersetzung mit den Verbrechen der Wehrmacht und ihrer Rolle bei der Repression, übernommen. Sie hat dabei auch, wie unter anderem Gaël Eismanns Untersuchung zum „gerichtlichen Terror" der Gerichtshöfe des Militärbefehlshabers in Frankreich, spezifische Formen des Verbrechens im Westen identifiziert.[378]

Besonders stark mit den verschiedenen Täterprofilen und Verbrechen in Frankreich hat sich Peter Lieb unter der Fragestellung befasst, ob die Deutschen auch im besetzten Frankreich einen „Weltanschauungskrieg" wie im Osten geführt hätten.[379] Er identifizierte dabei für die Militär- und Sipo-SD-Angehörigen, die an den schlimmsten Verbrechen beteiligt waren, vier zentrale Kriterien: die nationalsozialistische Weltanschauung, die Zugehörigkeit zu einer Eliteeinheit, die Erfahrungen der Ostfront und der besetzten Ostgebiete sowie des Partisanenkrieges im Osten, im Westen oder Südwesten Europas.[380] Diese Erkenntnisse lassen sich des Weiteren mit den von Gerhard Paul ausgearbeiteten Kriterien abgleichen und abstimmen. Die Ergebnisse sowohl der Ost- wie der Westforschung erlauben somit die Erstellung präziser Täterprofile.

2.2.2 Die verschiedenen Täterprofile in Lyon

Lyon war als Zentrum des deutschen Besatzungsapparats in Südfrankreich mit dem Hauptverbindungsstab 590 als Schaltstelle der Repressionspolitik

---

377 Thomas Sankühler, „Die Täter des Holocaust. Neuere Überlegungen und Kontroversen", in: Karl Heinrich Pohl (Hrsg.), *Wehrmacht und Vernichtungspolitik. Militär im nationalsozialistischen System*, Göttingen 1999, S. 40.
378 Vgl. Gaël Eismann, „L'escalade d'une répression à visage légal. Les pratiques judiciaires des tribunaux du MBF, 1940–1944", in: Gaël Eismann, Stefan Martens (Hrsg.) (2007), S. 127–167.
379 Siehe Peter Lieb (2007).
380 Vgl. Peter Lieb, „Wehrmacht, Waffen-SS et Sipo-SD: La répression en France 1943–1944" (2007).

Schauplatz sowohl der Repression der städtischen *Résistance* und der *maquis* als auch der Umsetzung der „Endlösung der Judenfrage" in Frankreich. Durch die arbeitsteilige Organisation des Verbrechens lassen sich verschiedene Tätergruppen- und Profile unterscheiden.

Seit Juni 1942 für die repressiven Maßnahmen verantwortlich, spielten die Sicherheitspolizei und der Sicherheitsdienst eine Hauptrolle bei der Repressionspolitik in Lyon und Umgebung. Deren Oberhaupt, SS-Obersturmbannführer Werner Knab, bleibt jedoch, ganz im Gegenteil zum Chef der Gestapo, SS-Obersturmführer Klaus Barbie, bis heute weitgehend unbekannt. Dies hat verschiedene Gründe. Erstens war Barbie bei zahlreichen Polizeiaktionen persönlich anwesend und deshalb für viele seiner Opfer als Peiniger direkt erkennbar. Er folterte am Sitz der Sipo-SD jüdische Gefangene und Widerständler des Montluc-Gefängnisses und nahm an wichtigen Verhaftungen teil.[381] Zudem leitete er mobile Einheiten, die im Rahmen der *maquis*-Bekämpfung für Gewalttaten gegen die Zivilbevölkerung verantwortlich waren. Als Oberhaupt des Amts IV organisierte er die Razzia im jüdischen Kinderheim Izieu – es ist umstritten, ob er dabei persönlich anwesend war – und den letzten Massentransport nach Auschwitz am 11. August 1944. Für diese und weitere Verbrechen wurde er 1952, 1954 sowie 1987 verurteilt. Es ist ausschlaggebend, dass er sowohl in Aussagen von Opfern als auch ehemaliger Besatzungsangehöriger als Hauptakteur der Repression benannt wird.[382] Dies offenbart die Diskrepanz zwischen tatsächlichem Geschehen und der Erinnerung im französischen Kollektivgedächtnis. Dass Klaus Barbie noch heute als „Schlächter von Lyon" als Symbol der nationalsozialistischen Barbarei gilt, während Werner Knab als Hauptakteur der Repression in der „Hauptstadt der *Résistance*" Lyon weitgehend vergessen ist, lässt sich letztlich auch durch die Geschichte der Auffindung Barbies in Südamerika durch die Klarsfelds[383] und die sehr starke Mediatisierung seines Prozesses wegen Verbrechen gegen die Menschlichkeit im Jahr 1987 erklären. Der französische Historiker Henry Rousso ordnete den Barbie-Prozess

---

381 Unter anderem war er für die Verhaftung Jean Moulins und weiterer Geheimarmee-Angehöriger sowie für die Massenverhaftung von Mitgliedern der jüdischen Hilfsorganisation UGIF am 9. Februar 1943 verantwortlich.
382 Siehe Bruno Permezel (Hrsg.) (1999).
383 Siehe Beate Klarsfeld, *Partout où ils seront*, Paris 1972.

in die „Besessenheits-Phase" des von ihm herausgearbeiteten „Vichy-Syndroms" ein.[384] In seinem gleichnamigen Buch befasste sich Rousso mit der Erinnerung an die Vichy-Periode in der französischen Gesellschaft. In Anlehnung an die Freud'sche Theorie des Unbewussten untersuchte er den politischen, sozialen und kulturellen Diskurs auf die Existenz eines „Vichy-Syndroms" und zeigte, wie die französische Gesellschaft bis heute (zumindest bis zur letzten Auflage des Buchs 1990) vom Trauma der Zeit zwischen 1940 und 1944 beeinflusst wird. Der Barbie-Prozess war der erste Prozess wegen Verbrechen gegen die Menschlichkeit in Frankreich und erregte im In- wie Ausland großes mediales Interesse. In diesem Zusammenhang trug die direkte Konfrontation der Opfer mit Barbie und dessen Aussagen dazu bei, dass der Prozess ins Kollektivgedächtnis einging. Dagegen starb Werner Knab aller Wahrscheinlichkeit nach bereits 1945 bei einem alliierten Bombenangriff.[385] Sein früher Tod kann als Grund für Knabs geringe Bekanntheit gelten, obgleich er sowohl in Frankreich als auch in der Ukraine für zahlreiche Verbrechen verantwortlich gemacht wird.

Knabs Weg im nationalsozialistischen System, seine Karriere als Jurist und seine Erfahrung in den besetzten Ostgebieten als Mitglied der Einsatzgruppe C und später als Oberhaupt des Amts IV der Sipo-SD in Kiew, machen ihn zu einem Musterbeispiel eines „Weltanschauungstäters" im Sinne Gerhard Pauls. Schon im März 1933 trat er der NSDAP bei, wobei er „in Wort und Tat bereits seit Ende 1931 für die Partei eingetreten" war.[386] Darüber hinaus war er bis zum Eintritt in die SS im Januar 1934 Mitglied der SA. In seiner Dienstakte bei der bayerischen inneren Verwaltung wird im Zusammenhang mit seiner Einstellung als Assessor explizit auf Knabs „politische Zuverlässigkeit" hingewiesen, die sowohl Himmler als auch

---

384 Vgl. Henry Rousso, *Le syndrome de Vichy de 1944 à nos jours*, Paris [1987] 1990.
385 BA Ludwigsburg, B 162/5063, Liste der Angehörigen der Sipo-SD in Lyon. Knab kam diesem Dokument nach während eines Bombenangriffs am 14. Februar 1945 ums Leben.
386 BA Berlin, G0051, Vorläufige Aufnahme eines Assessors mit einer nichtplanmäßigen Grundvergütung von 3 400 RM, Vermerke (Frontkämpfer, Mitglied der NSDAP, usw.).

Heydrich bezeugen konnten.[387] Als Jurist war er ebenfalls Mitglied des BNSDJ (Bund Nationalsozialistischer Deutscher Juristen).[388] Auch vor 1933 war er einzig in der nationalsozialistischen Bewegung tätig, da er „weder einer der früheren politischen Parteien noch einer Loge" angehörte und „politisch einwandfrei" sei. Seine Politisierung erfolgte also ganz im Rahmen des Aufstiegs und der Machtergreifung der nationalsozialistischen Partei.

> „[...] Der Angefragte steht dem Nationalsozialismus bejahend gegenüber. Er ist Parteigenosse [...] und ist Angehöriger der SS, ebenso Mitglied des NSRB.[389] Der VB wird gelesen. Die Beteiligung bei den angeordneten Beflaggungen und die Gebefreudigkeit bei den Sammlungen sind gut. Der Deutsche Gruß wird geboten und erwidert. [...]"[390]

Seine Karriere in der Polizei begann 1933 als Referent in der Stapoleitstelle in München und führte ihn 1935 als Zeitangestellten zur bayerischen politischen Polizei.[391] Auf einen Einsatz in Norwegen folgte im Laufe des Jahres 1941 Knabs Beteiligung am „Ostfeldzug" im Dienst der Sipo-SD bei der Einsatzgruppe C in der Ukraine, wo er zum Leiter des Amts IV der Sipo-SD in Kiew aufstieg. Im Frühjahr 1943 erfolgte dann seine Ernennung zum Chef der Sipo-SD in Lyon.[392]

---

387 BA Berlin, G0051, Brief des Staatsministeriums des Innern an den Herrn Reichsstatthalter in Bayern, Betr.: Vorläufige Aufnahme eines Assessors, München, 28. November 1935, S. 1.
388 BA Berlin, G0051, Vorläufige Aufnahme eines Assessors mit einer nichtplanmäßigen Grundvergütung von 3 400 RM, Vermerke (Frontkämpfer, Mitglied der NSDAP, usw.).
389 Nationalsozialistischer Rechtswahrerbund, Nachfolger des Bundes Nationalsozialistischer Deutscher Juristen ab 1936. Vgl. Michael Sunnus, *Der NS-Rechtswahrerbund (1928–1945): zur Geschichte der nationalsozialistischen Juristenorganisation*, Frankfurt am Main 1990.
390 BA Berlin, G0051, Brief der NSDAP, Gau München-Oberbayern, Betr.: Politische Beurteilung des Pg. Dr. Werner Knab, München, 14. Juli 1937.
391 BA Berlin, G0051, Personalamt/Politische Beurteilungen, NSDAP, Gauleitung München-Oberbayern, Betr.: Politische Beurteilung des Dr. Werner Knab, München, 9. Mai 1938; BA Berlin, G0051, Staatsministerium des Innern, an den Herrn Reichsstatthalter in Bayern, Betr.: vorläufige Aufnahme eines Assessors, München, 25. November 1935, S. 2.
392 BA Berlin, SS-Führerpersonalakten, SSO 184-A, Akte zum SS-Obersturmbannführer Knab, o.D.

Zwar existieren keine Quellen, die direkt über die Handlungen Knabs in der Einsatzgruppe C berichten könnten; es ist jedoch davon auszugehen, dass er dem Einsatzkommando 5 angehörte, da dieses bereits im Januar 1942 aufgelöst und sein Personal teilweise in die Dienststelle des Kommandeurs der Sicherheitspolizei und des Sicherheitsdiensts Kiew überführt wurde.[393] Die Einsatzgruppe C agierte im Operationsraum der Heeresgruppe Süd in der Ukraine, „an der Spitze der einmarschierenden Truppen".[394] In „Säuberungsaktionen" ermordeten ihre Angehörigen, v. a. das Sonderkommando 4a, Juden und „Partisanen". Als am 19. September 1941 Kiew in deutsche Hand fiel, reagierte das Sonderkommando 4a auf eine Reihe von Sprengstoffanschlägen mit „Vergeltungsmaßnahmen", die im Massaker von Babi Jar mündeten, bei dem am 29. und 30. September 1941 südlich von Kiew über 33 000 Juden durch das Sonderkommando 4a, den Stab der Einsatzgruppe C und zwei Kommandos des Polizeiregiments erschossen wurden.[395] Das Einsatzkommando 5 hatte bereits an den Lemberger Massenexekutionen Anfang Juli 1941 teilgenommen und anschließend das Gebiet westlich und südwestlich von Kiew ‚durchkämmt'. Bei einer Großaktion in Uman am 22. und 23. September wurden angeblich 1 412 Juden exekutiert.[396] Nach der Einrückung in die besetze Hauptstadt wurde die stationäre KdS-Dienststelle Kiews eingerichtet und mit Personal des Einsatzkommandos 5 besetzt. In diesem Zusammenhang scheint Knab den Posten des Chefs der Gestapo in Kiew erhalten zu haben. Auch über Knabs Tätigkeiten in dieser Funktion wie allgemein zur besetzten Ukraine gibt es nur wenige Quellen.[397] Knab erfüllte seine Aufgaben offensichtlich zur Zufriedenheit seiner Vorgesetzten:

---

393 Helmut Krausnick, Hans-Heinrich Wilhelm, *Die Truppe des Weltanschauungskrieges. Die Einsatzgruppen der Sicherheitspolizei und des SD 1938–1942*, Stuttgart 1981, S. 191–192.
394 Ereignismeldung UdSSR (EM) 14, 6. Juli 1941, zitiert nach Helmut Krausnick, Hans-Heinrich Wilhelm (1981), S. 187.
395 EM 106, 7. Oktober 1941, zitiert nach Helmut Krausnick, Hans-Heinrich Wilhelm (1981), S. 187.
396 EM 119, 20. Oktober 1941, zitiert nach ebd., S. 191.
397 Gerhard Paul und Klaus-Michael Mallmann bezeichnen die Ukraine als „schwarzes Loch der Forschung". Vgl. Gerhard Paul, Klaus-Michael Mallmann (Hrsg.), *Die Gestapo im Zweiten Weltkrieg. ‚Heimatfront' und besetztes Europa*, Darmstadt 2000, S. 7.

„SS-Sturmbannführer Dr. Knab wird gut beurteilt. Er ist z. Zt. beim BdS in Kiew eingesetzt und leitet hier die Abteilung IV [...] mit ganz besonderem Geschick und sehr gutem politischen Einfühlungsvermögen. [...] Das RSHA schlägt vor, K. aufgrund seiner Fähigkeiten zum 21.6.1943 zum SS-Obersturmbannführer zu befördern. K. wird zum gleichen Datum vom RSHA zur Ernennung zum Oberregierungsrat in Vorschlag gebracht."[398]

Am 27. Dezember 1943 erhielt Knab das Kriegsverdienstkreuz 1. Klasse mit Schwertern.[399] Für seine Tätigkeit in Lyon wurde ihm zudem noch mit Wirkung vom 13. Januar 1945 das Eiserne Kreuz 1. Klasse verliehen.[400]

Werner Knab gehörte durch seine Ausbildung zum promovierten Juristen und seine Karriere im Herzen des nationalsozialistischen Terrorsystems zu einer relativ homogenen Gruppe der „Weltanschauungstäter". Diese wurden größtenteils schon in den 1920er und 1930er Jahren in ihrer Studienzeit zu Anhängern eines universitären Rassenantisemitismus, der sich vom „Pogrom- und Radauantisemitismus" der unteren Gesellschaftsgruppen unterschied. Diese zwischen 1903 und 1915 geborene Generation – Knab selbst kam 1908 zur Welt[401] – zeichnete sich durch ein hohes Ausbildungsniveau, vornehmlich im Bereich der Rechtswissenschaften, aus. Vier Fünftel verfügten über das Abitur, zwei Drittel über ein abgeschlossenes Hochschulstudium und fast ein Drittel trug einen Doktortitel. Sie entstammten also den bürgerlichen, akademisch gebildeten Milieus der Gesellschaft. In ihren Funktionen als Polizei- und Einsatzgruppenleiter in den besetzen Ländern stellten sie dann den Kern der nationalsozialistischen Verbrechen und des Völkermords. Während es sich bei dieser Gruppe Ulrich Herbert nach um

---

398 BA Berlin, SS-Führerpersonalakten, SSO 184-A, Akte zum SS-Obersturmbannführer Knab, o.D.
399 BA Berlin, SS-Führerpersonalakten, SSO 184-A, Meldung des Inspektors der Sipo-SD München, Betr.: Auszeichnung des SS-Obersturmbannführers Dr. Werner Knab mit dem Kriegsverdienstkreuz 1. Klasse mit Schwertern, München, 27. Dezember 1943.
400 BA Berlin, SS-Führerpersonalakten, SSO 184-A, Der Reichsführer-SS, Hauptabteilung Auszeichnungen und Orden, an den Chef der Sipo-SD, Betr.: Verleihung des EK. 1. Kl., 15. Januar 1945.
401 BA Berlin, SS-Führerpersonalakten, SSO 184-A, Akte zum SS-Obersturmbannführer Knab, o.D.

eine „sowohl generationell wie sozial relativ homogene Gruppe"[402] handelte, war dies für die Mehrzahl unmittelbarer Täter nicht der Fall, für die weder ein bestimmter generationeller noch sozialer Typus identifizierbar ist.[403] Ihre Motive können nur ansatzweise durch den Einfluss der nationalsozialistischen Weltanschauung erklärt werden, die „als Enthemmungs- und Entlastungsdiskurs auch der eigenen Rechtfertigung [diente], indem das eigene Tun als notwendiges Mittel zu einem höheren Ziel erklärt wurde"[404]. Dieses prägende Weltbild hatte Anteil am Prozess der schrittweisen Enthemmung der Täter und der Radikalisierung des Genozids, der nicht von Anfang an als klares politisches Ziel formuliert worden war.[405]

Auch die Quellenlage zu Knabs Tätigkeit in Lyon ist spärlich, da er relativ selten in den wenigen Quellen der Sipo-SD oder den Zeugenaussagen der Opfer Erwähnung findet. Barbie nimmt hier eine deutlich präsentere und ‚aktivere' Rolle bei Verhaftungen und Folter ein. Als Leiter der Sipo-SD in Lyon fiel Knab dagegen primär eine organisatorische Funktion zu. So war er maßgeblich an der Planung des Großunternehmens gegen den *maquis* im Jahr 1944 beteiligt. In Rahmen dieser Operation griff er auch auf Methoden der Ostfront zurück, als er in Vassieux-en-Vercors persönlich eines der wenigen Massaker an Zivilisten, darunter Frauen und Kinder, in dieser Region anordnete.[406] Lutz Klinkhammer benutzt im Zusammenhang mit Massakern an der Zivilbevölkerung die Theorie des Krieges als männliche Matrix, d.h. als Auseinandersetzung zwischen Männern. Das Durchbrechen dieser Matrix macht er vom „Grad der Nazifizierung bzw. der Ideologisierung der beteiligten Einheiten" abhängig. Dies bestätigt sich beim Vergleich zwischen Einheiten der Waffen-SS und der Wehrmacht. Knab kann in dieser Hinsicht als besonders ideologisierter Täter gelten, insofern er radikale Methoden gegen die Zivilbevölkerung anwendete, die in diesem

---

402 Ulrich Herbert, „Vernichtungspolitik. Neue Antworten und Fragen zur Geschichte des ‚Holocausts'", in: Ulrich Herbert (Hrsg.), *Nationalsozialistische Vernichtungspolitik 1939–1945. Neue Forschungen und Kontroversen*, Frankfurt am Main 1998, S. 42–43.
403 Gerhard Paul (Hrsg.) (2002), S. 62.
404 Ulrich Herbert (Hrsg.) (1998), S. 44.
405 Ebd., S. 44–45.
406 Peter Lieb (2007), S. 341.

Gebiet außerhalb der Norm lagen.[407] Es bleibt anzumerken, dass gerade in den Regionen, in denen Kommandeure der Sipo-SD das Sagen hatten, die zuvor im Osten an Massenverbrechen beteiligt gewesen waren, – der KdS von Toulouse, Obersturmbannführer Friedrich Suhr, der KdS von Montpellier, Obersturmbannführer Dr. Helmut Tanzmann oder Obersturmbannführer August Meier, KdS von Limoges – der bewaffnete Widerstand im Laufe des Sommers 1944 am meisten zunahm. Letztlich scheint das radikale Vorgehen die *Résistance* mehr gestärkt als geschwächt zu haben.[408]

Knab und Barbie wurden sowohl durch deutsche Mitarbeiter der Sipo-SD als auch durch französische Kollaborateure und Kollaborationisten unterstützt. Einige deutsche Angehörige des Dienstes wurden durch französische Gerichte nach dem Zweiten Weltkrieg, meist in Abwesenheit, zu Haft- oder Todesstrafen verurteilt. Einige dieser Angehörigen der Sipo-SD von Lyon, die mit den Sipo-SD-Dienststellen in Paris in Verbindung standen, finden teilweise Erwähnung in den Quellen der Polizeidienste.[409] Über die Lebensläufe der Mitglieder der Sipo-SD Lyon ist jedoch mit Ausnahme Klaus Barbies wenig bekannt. Justizdokumente aus der Zentralen Stelle Ludwigsburg können einige Details über den Karriereverlauf dieser Männer liefern, die für die Sipo-SD arbeiteten, ohne zwingend der SS anzugehören. Über die „Notdienstverordnung" vom 15. Oktober 1938 waren Nichtmitglieder der SS zum „langfristigen Notdienst" für „Aufgaben von besonderer staatspolitischer Bedeutung" zugelassen worden.[410] Die „Notverpflichteten" erhielten einen ihrem militärischen oder polizeilichen

---

407 Lutz Klinkhammer, „Der Partisanenkrieg der Wehrmacht 1941–1944", in: Rolf-Dieter Müller, Hans-Erich Volkmann (Hrsg.) (1999), S. 833–834.
408 Peter Lieb (2007), S. 66.
409 Zum Beispiel SS-Hauptsturmbannführer Fritz Hollert, erster Leiter der Sipo-SD, später Stellvertreter Knabs und SS-Obersturmführer Ernst Floreck, Mitglied des Kommandos Klaus Barbies. AN, AJ40/545, Fernschreiben Ernst Florecks an Dr. Knochen, Befehlshaber der Sipo-SD, Betr.: Erschießung eines Uffz. der hiesigen z.b.V. Dienststelle und eines Obergefreiten der GFP 540 bei der Festnahme von Terroristen, Lyon, 24. Oktober 1943; CDJC, XXVa-272, Telegramm des SS-Hauptsturmbannführers Hollert an den Befehlshaber der Sipo-SD Knochen, Betr.: Verhaftung von Juden in der Region von Lyon, Lyon, 20. Februar 1943.
410 „Dritte Verordnung zur Sicherstellung des Kräftebedarfs für Aufgaben von besonderer staatspolitischen Bedeutung (Notdienstverordnung)", RGBl. I,

Rang entsprechenden SS-Dienstgrad. So trat zum Beispiel Harry Stengritt nach seiner Notverpflichtung im Zuge der Eingliederung der Geheimen Feldpolizei in die Sipo-SD im Juni 1942 seinen Dienst als Oberscharführer an. Dort leistete er unter anderem Amtshilfe bei Operationen der Gestapo unter Klaus Barbie wie der Verhaftung Jean Moulins am 21. Juni 1943 in Caluire. 1954 zu Tode verurteilt, kehrte er 1959 nach seiner Begnadigung aus Frankreich zurück.[411]

Die Angehörigkeit zur SS bildete also nicht unbedingt ein ausschlaggebendes Kriterium für das Verhalten der Sipo-SD-Mitglieder während der Okkupation. Eine Untersuchung von einem Teil des Sipo-SD-Personals ergibt sich aus den in den Quellen vorhandenen Lebensläufen von 33 Angehörigen der Sipo-SD Lyon, von denen sieben vor 1900, 14 zwischen 1900 und 1909 und 12 zwischen 1910 und 1915 geboren wurden. Ihre Sozialisierung und Politisierung fand damit erst in der Weimarer Republik und später im NS-Regime statt. In dieser Hinsicht war die Gruppe eher inhomogen, wobei sich ohne persönliche Quellen politische Überzeugungen schwer feststellen lassen. Spielte bei Hochschulabsolventen wie Knab beim Eintritt in die SS wohl der verbreitete elitäre Antisemitismus eine wichtige Rolle, waren bei niedrigeren sozialen Schichten beim Eintritt in nationalsozialistischen Organisationen wie SA oder SS wahrscheinlich andere Faktoren ausschlaggebend. Von den 33 Mitgliedern der Sipo-SD Lyon wurden vier „notdienstverpflichtet", 17 waren Mitglieder der SS und bei 12 fehlen entsprechende Angaben. Zehn hatten zuvor im Osten gedient, hauptsächlich beim Einsatzkommando IV E, das 1944 von Polen nach Lyon versetzt wurde. 15 entstammten den verschiedenen Polizeibehörden (Kripo, Schupo, Geheime Feldpolizei, usw.). Die Sipo-SD in Lyon konnte sich bei der Verfolgung von „Terroristen" und Juden also auf erfahrene Polizisten stützen, was in den meisten Sipo-SD-Stellen nicht der Fall war – Bernd

---

S. 1441f, zitiert nach Helmut Krausnick, Hans-Heinrich Wilhelm (1981), S. 146.

411 BA Ludwigsburg, B 162/3396, Militärregierung der französischen Besatzungszone, Protokoll, Vernehmung von Harry Stengritt, 13. Dezember 1948, S. 2-4; BA Ludwigsburg, B 162/3403, Bayerisches Landeskriminalamt, z.Z. Mannheim, Aussage Harry Stengritts, 9. November 1981, S. 2; BA Ludwigsburg, B 162/5063, Liste der Angehörige des KdS Lyon in den Jahren 1943/44, o.D., S. 11.

Kasten zufolge war „der Anteil der Berufspolizisten unter den Angehörigen der Sicherheitspolizei und des SD in Frankreich erstaunlich gering"[412]. Ein entscheidender Faktor für das Verhalten könnte auch die Einsatzerfahrung im Osten Europas bilden.

Neben Werner Knab brachte auch ein Sonderkommando, das zuvor in Polen stationiert gewesen war, Osterfahrung nach Lyon mit. Das Einsatzkommando IV E mit dem Decknamen „Jerzy Fichte" kam zu Ostern 1944 nach Lyon und sollte gegen einen polnisch-britischen Agentenring ermitteln. Untergebracht im Gebäude der Dienststelle des KdS Lyon, blieb die Einheit bis in die letzten Besatzungswochen in der Stadt.[413] Das Kommando erhielt seine Befehle vom Reichssicherheitshauptamt und war „eine reine Gestapo-Formation".[414] Die Bezeichnung „Jerzy", abgeleitet aus einem polnischen Vornamen, erhielt das Kommando mit Ende ihres Einsatzes in Polen. Der spätere Zusatz „Fichte" sollte auf die Kooperation mit Wehrmacht und militärischer Abwehr über die „militärische Abwehr-Leitstelle ‚Dernbach'" verweisen.[415] Mit „Dernbach" könnte der Leiter des Amtes IIIF in Lyon gemeint gewesen sein.[416]

Das mindestens 20 Mann starke Kommando IV E arbeitete mit der Sipo-SD Lyon unter anderem bei der Ermordung von 72 jüdischen Häftlingen des Gefängnisses Montluc am 17. und 18. August 1944 auf dem Flugplatz Lyon-Bron zusammen. In Zeugenaussagen in den juristischen Quellen der Zentralen Stelle ist jedoch nur von zehn Häftlingen die Rede. Entweder

---

412 Bernd Kasten, „Zwischen Pragmatismus und exzessiver Gewalt. Die Gestapo in Frankreich 1940–1944", in: Gerhard Paul, Klaus-Michael Mallmann (Hrsg.) (2000), S. 372.
413 BA Ludwigsburg, B162/6298, Vermerk des Dr. Artzt zum Sonderkommando IV E, Ludwigsburg, 10. Oktober 1963, S. 1.
414 BA Ludwigsburg, B162/6298, Hessisches Landeskriminalamt, Abt. V / Sonderkommissariat, z. Zt. Bad Honnef, den 12. September 1963, Vernehmung, Alfred Böhnke, S. 4; BA Ludwigsburg, B162/6298, Hessisches Landeskriminalamt, Abt. V / 98, z. Zt. Düsseldorf, 10. September 1963, Vernehmung von Friedrich Wilhelm Lempik, S. 2.
415 BA Ludwigsburg, B 162/5063, Sonderkommando IV E „Jerzy-Fichte".
416 Dernbach leitete mit Boemelburg die Aktion Donar und die Infiltrierung in der Südzone im September 1942. Siehe Jacques Delarue (1962), S. 383–384; BA Ludwigsburg, B162/26056, Hessisches Landeskriminalamt Wiesbaden Abt. V/Sonderkommission z. Z. Iserlohn, 8. März 66, Vorladung von Fritz Knebel.

handelt es sich um den Versuch einer Relativierung des Verbrechens, oder es gab mehrere Exekutionen. Von den Zeugen wird zudem verschwiegen, dass es sich bei den Opfern um Juden handelte und die Erschießung somit als Teil der „Endlösung" erfolgte.[417] Das Kommando IV E beteiligte sich an den ‚wilden' Erschießungen des Sommers 1944 in der Region Lyon, die sowohl gefangene Widerständler wie Juden betrafen.[418] Eine Bemerkung eines Kommando-Mitgliedes zu diesen Erschießungen kann als Indiz für eine Verrohung durch die Erfahrungen in den Ostgebieten interpretiert werden. In einer Aussage vor dem Gericht gab er an, dass er die Exekutionen als „human" empfand, da die Gefangenen kaum erfassen konnten, was mit ihnen geschah.[419] Das Kommando griff auf ähnliche Methoden wie in Polen zurück, wo sie ohne Gerichtsverhandlung Gefangene gefoltert und erschossen hatten.[420]

Im Rahmen der Verfahren gegen das Sonderkommando IV E und den KdS Lyon, vor allem gegen Klaus Barbie, wurden im Jahr 1965 ehemalige Mitglieder des Sicherungsregiments 200 als Zeugen vernommen. Obwohl sie selbst an Erschießungen beteiligt gewesen waren, wurden sie nicht angeklagt. Hier wird erneut die Dichotomie zwischen SS und Sipo-SD, in den Nürnberger Prozessen als „verbrecherische Organisationen" eingestuft, und militärischen Organen, deren Rolle im NS-Verbrechen erst ab den 1990er Jahren untersucht wurde, sehr deutlich.[421] Zudem wurde bei

---

417 BA Ludwigsburg, B162/6298, Hessisches Landeskriminalamt, Abt. V / Sonderkommissariat, Wiesbaden, 18. September 1963, Betr.: Tätigkeit des Sonderkommandos IV E des RHSA beim KdS Warschau, Bekundung des Zeugen Alfred Böhnke, S. 2.
418 Ahlrich Meyer (2005), S. 215.
419 BA Ludwigsburg, B162/6298, Hessisches Landeskriminalamt, Abt. V / Sonderkommissariat, Wiesbaden, 18. September 1963, Betr.: Tätigkeit des Sonderkommandos IV E des RHSA beim KdS Warschau, Bekundung des Zeugen Alfred Böhnke, S. 2.
420 BA Ludwigsburg, B162/6298, Hessisches Landeskriminalamt, Abt. V / 98, z. Zt. Düsseldorf, 10. September 1963, Vernehmung von Friedrich Wilhelm Lempik, S. 3.
421 Eine Ausnahme bildeten Prozesse gegen hohe Militärs und nationalsozialistische ‚Kriegshelden', die jedoch eher dazu beitrugen, die deutsche Öffentlichkeit um das Bild einer ‚sauberen Wehrmacht' und eines ‚Normalkriegs' zu solidarisieren. Vgl. Rolf-Dieter Müller, „Die Wehrmacht – Historische Last

diesem Verfahren wieder die Figur Barbies hervorgehoben. Obwohl alle Zeugen derselben Einheit angehörten, fallen ihre Aussagen unterschiedlich aus. Die Teilnahme an Exekutionen wird damit gerechtfertigt, dass es sich um Todesurteile des militärischen Gerichtshofs handelte.[422] Einige Soldaten gaben jedoch zu, dass Erschießungen auch ohne Urteil erfolgten, was auf eine gewisse Nähe zwischen Sipo-SD-Angehörigen und den Soldaten des Regiments schließen lässt.[423] Die Einheit nahm in der Gegend von Bordeaux zudem an der Erschießung von 50 Gefangenen im Rahmen der Sühnemaßnahmen nach der Ermordung des deutschen Feldkommandanten von Nantes teil.[424] Dass so offen über die Exekutionen gesprochen wird, rührt wohl daher, dass die Zeugen nicht verurteilt wurden und ihre Aktionen immer auf Befehl der Sipo-SD erfolgten. Diese bereitwillige Beteiligung an den Exekutionen lässt sich auch durch das Klima der Widerstandsbekämpfung in Lyon, an der alle Besatzungsorgane mitwirkten, erklären. Die repressiven Maßnahmen, die sowohl von Sipo-SD-Männern wie auch Angehörigen der Wehrmachtseinheiten eingesetzt wurden, waren so von ihrer Zusammenarbeit und sogar von Formen der Solidarität zwischen den

---

und Verantwortung. Die Historiographie im Spannungsfeld von Wissenschaft und Vergangenheitsbewältigung", in: Rolf-Dieter Müller, Hans-Erich Volkmann (Hrsg.) (1999), S. 4.

422 BA Ludwigsburg, 162/3396, Hessisches Landeskriminalamt, Abt. V / Sonderkommissariat, z. Zt. Nentershausen, 21. Oktober 1965, Vernehmung, Jakob Rentzel, S. 6: „Zu den Aufgaben der 11. Kp. [des Sicherungsregiments 200] kann ich folgendes sagen: Wir haben Wachkommandos für militärische Einrichtungen gestellt und die Exekutionskomandos [sic] für die auf dem Sendergelände von Lyon durchgeführten Exekutionen. Bei diesen Exekutionen handelte es sich aber um die Vollstreckung von Gerichtsurteilen."
423 BA Ludwigsburg, 162/3396, Hessisches Landeskriminalamt, Abt. V / Sonderkommissariat, z. Zt. Selters/Ww, 11. November 1965, Vernehmung, Joseph Wehler, S. 10: „Auf besonderes Befragen muss ich erklären, dass bei den zwei Erschießungen außerhalb Lyon keinerlei Urteil vor der Hinrichtung verlesen wurde. Den Gefangenen wurde auch vor der Erschießung keinerlei Erklärung abgegeben.
424 BA Ludwigsburg, 162/3396, Hessisches Landeskriminalamt, Abt. V / Sonderkommissariat, z. Zt. Hamm/Sieg, 12. Oktober 1965, Vernehmung, Paul Weber, S. 2; BA Ludwigsburg, 162/3396, Hessisches Landeskriminalamt, Abt. V / Sonderkommissariat, z. Zt. Nentershausen, 21. Oktober 1965, Vernehmung, Jakob Rentzel, S. 2–3.

Mitgliedern der verschiedenen Dienststellen geprägt. Lyon als Hochburg des Widerstands trug zu dieser Zusammenarbeit bei, da sich die Deutschen von Feinden umzingelt fühlten – diese arbeitsteilige Organisation ermöglichte es nach dem Krieg, sich die Schuld gegenseitig zuzuweisen. Dieser Kampf und der Mangel an Personal auf deutscher Seite ließ die Grenze zwischen den Aufgabenbereichen von Sipo-SD und Wehrmachtseinheiten verwischen.

2.3 Die deutsche Besatzung in Lyon: Parallelen zum deutschen Vorgehen in Osteuropa?

2.3.1 „Konventioneller Krieg oder NS-Weltanschauungskrieg"[425]?

Vor der Frage nach möglichen Parallelen müssen zuerst die wesentlichen Unterschiede der deutschen Kriegsführung und Besatzung in Osteuropa und Frankreich hervorgehoben werden. Die Sowjetunion wurde als größter ideologischer Feind betrachtet, den es in einem Vernichtungskrieg zu besiegen galt. Im „Unternehmen Barbarossa" vermischten sich ideologische wie strategische Ziele. Neben der Erweiterung des deutschen „Lebensraums" im Osten sowie der Vernichtung des Bolschewismus und des „Judentums" sollte der Krieg auch die Versorgung Deutschlands mit wichtigen Ressourcen bringen.[426] Die Unterscheidung zwischen militärischen und polizeilichen Aufgaben, auf die sich die Verteidigung des Militärs nach dem Krieg stützte, war bei den im Osten eingesetzten Wehrmachts- und SS-Einheiten aufgehoben. Schon vor dem Angriff auf die Sowjetunion hatte sich Polen „zu einem ‚Laboratorium' für die angestrebte Lebensraumpolitik" und zum Schauplatz neuer Formen des Terrors entwickelt: Menschen wurden nun auf freiem Feld umgebracht.[427] Ab 1941 gingen die Einsatzgruppen von der „Menschenjagd zum Massenmord, vom Eroberungs- zum Vernichtungskrieg" über.[428] Mit dem Kommissarbefehl beteiligte sich die Wehrmacht

---

425 Peter Lieb (2007).
426 Jürgen Förster, „La campagne de Russie et la radicalisation de la guerre: stratégie et assassinats de masse", in: François Bédarida (Hrsg.), *La politique nazie d'extermination*, Paris 1989, S. 177–178.
427 Klaus-Michael Mallmann, „Menschenjagd und Massenmord. Das neue Instrument der Einsatzgruppen und -kommandos 1938–1945", in: Gerhard Paul, Klaus-Michael Mallmann (Hrsg.) (2000), S. 294.
428 Ebd., S. 301.

aktiv am Morden. Neben der Vernichtung der politischen Elite der Sowjetunion fiel SS-Einheiten wie Wehrmachtssoldaten die Aufgabe der Bekämpfung von „Partisanen" zu. Diese Maßnahmen richteten sich insbesondere gegen die jüdische Bevölkerung: „Wo der Partisan ist, ist der Jude, und wo der Jude ist, ist der Partisan."[429] Auch in der Ukraine, in Weißrussland und in den baltischen Staaten wurden Juden und Kommunisten systematisch als Partisanen klassifiziert und ermordet.[430] Massaker wie in der Schlucht von Babi Jar im September 1941 bildeten eine erste Phase der „Endlösung". Die systematischen Massenerschießungen wurden in deutschen Berichten in der Regel als Maßnahmen gegen Partisanen dargestellt.[431] Wilhelm Keitel gab seinen Truppen in seiner Funktion als Chef des OKW in der „Weisung zur Bandenbekämpfung" vom 16. Dezember 1942 freie Hand im Kampf gegen Partisanen. Er forderte die Soldaten auf, „ohne Einschränkungen auch gegen Frauen und Kinder jedes Mittel anzuwenden, wenn es nur zum Erfolg führt"[432].

Sowohl die Ziele der Bekämpfung der *Résistance* als auch die dafür angewandten Methoden gestalteten sich in Frankreich zunächst anders als im Osten. Hitler war sich anfangs nicht schlüssig über die Rolle des alten Erbfeinds in einem nationalsozialistischen Europa. Nur Elsass-Lothringen wurde als Teil eines „Großgermanischen Reiches" annektiert. Mit Beginn des Russlandfeldzuges wandte Hitler seine Aufmerksamkeit nach Osten. Die Festlegung des Status Frankreichs wurde auf das Kriegsende verschoben.[433] Strategisch wichtig war Frankreich zunächst vor allem wegen seiner Ressourcen, die durch die wirtschaftliche Ausbeutung des Landes nach

---

429 Vgl. die Begründung des am 8. Mai 1954 ergangenen (ersten) Urteils im Verfahren des Schwurgerichts beim LG Darmstadt gegen den ehemaligen Kompagnie-Chef; Az. 2 Ks 2/54, gedruckt in: *Justiz und NS-Verbrechen*, Bd. XII, S 369ff, zitiert nach Helmut Krausnick, Hans-Heinrich Wilhelm (1981), S. 248.
430 Jürgen Förster (1989), S. 186.
431 Jürgen Förster (1989), S. 186.
432 BA-MA Freiburg, RH 19 II/153, zitiert nach Klaus-Michael Mallmann, „'Aufgeräumt und abgebrannt'. Sicherheitspolizei und ‚Bandenkampf' in der besetzten Sowjetunion", in: Gerhard Paul, Klaus-Michael Mallmann (Hrsg.) (2000), S. 507.
433 Bernhard R. Kroener, Rolf-Dieter Müller, Hans Umbreit, *Organisation und Mobilisierung des deutschen Machtbereich*s. Zweiter Halbband.

Deutschland gelangten. Auch die Sicherheitspolitik gestaltete sich anders als im Osten. Nach der Ernennung Obergs zum Höheren SS- und Polizeiführer wurde das System der Geiselerschießungen aufgehoben, da „man in Frankreich eine andere Politik betreiben müsse, als im Osten. [...] Es müsse ihm [Oberg] gelingen, die Mitwirkung der französischen Polizei zu gewinnen, dann würde sich der Erfolg auch erreichen lassen", so Heydrich.[434] Nach zwei verhältnismäßig ruhigen ersten Besatzungsjahren änderte sich die Stimmung drastisch, als sich die Situation an der Ostfront verschlechterte und Frankreich durch die Möglichkeit einer alliierten Landung im Westen, mit der seit Herbst 1943 im Führerhauptquartier gerechnet wurde, strategisch an Bedeutung gewann. Hitler entschied sich daraufhin in seiner „Weisung Nr. 51" vom 3. November 1943 dazu, seine verbliebenen Kräfte im Westen zu konzentrieren. Für Frankreich bedeutete dies sowohl eine Rückkehr des Krieges als auch eine Radikalisierung der deutschen Besatzungspolitik.[435]

Diese größere Entwicklung führte zusammen mit innenpolitischen Entscheidungen wie der Einführung des Zwangsarbeitsdienstes im Januar 1943 zu einer wachsenden Widerstandsaktivität. Bei der Besetzung der Südzone wurden in den neugegründeten Sipo-SD-Stellen Kommandeure wie u. a. Werner Knab in Lyon eingesetzt, die sich im Osten durch besonders radikale Repressionsmaßnahmen hervorgetan hatten. Ihre brutalen Methoden und der Versuch, den Mangel an Personal durch eine erhöhte Gewaltanwendung auszugleichen, schüchterten zwar einerseits die Zivilbevölkerung ein, führten jedoch andererseits zu einem Erstarken des Widerstands, zumal sich die Niederlage Deutschlands immer deutlicher abzeichnete.[436] In diesem

---

Kriegsverwaltung, Wirtschaft und personelle Ressourcen, 1942–1944/45, in: *Das deutsche Reich und der Zweite Weltkrieg*, Bd. 5, Stuttgart 1999, S. 24–26.

434 Zeugenvernehmungsprotokoll Dr. Hans Boetticher, ehemaliger oberster Richter beim MBF, 20. Oktober 1949, BAK, All. Proz. 21/217, Luther-Dokumente Bd. VIII, Doc. Sipo 877, zitiert nach Bernd Kasten, „Zwischen Pragmatismus und exzessiver Gewalt. Die Gestapo in Frankreich 1940–1944", in: Gerhard Paul, Klaus-Michael Mallmann (Hrsg.) (2000), S. 368.

435 Hans-Ulrich Thamer, „Entscheidung im Westen? Frankreich in der deutschen Politik und Strategie 1944", in: Hans Umbreit (Hrsg.), *Invasion 1944*, Hamburg 1998, S. 1.

436 Bernd Kasten, „Zwischen Pragmatismus und exzessiver Gewalt. Die Gestapo in Frankreich 1940–1944", in: Gerhard Paul, Klaus-Michael Mallmann (Hrsg.) (2000), S. 370–377.

Zeitraum erfolgte auch der Einsatz der Wehrmacht gegen den Widerstand in den *maquis*, für dessen Bekämpfung die polizeilichen Kräfte allein nicht mehr ausreichten. Diese Form der militärisch-polizeilichen Intervention stütze sich auf den Sperrle-Erlass vom 3. Februar 1944,[437] der am 12. Februar vom Militärbefehlshaber in Frankreich angenommen wurde,[438] sowie auf einen Erlass von Keitel vom 4. März 1944.[439] An die Wehrmachts- und SS-Einheiten erging darin der Befehl, bei der „Bandenbekämpfung" keine Gefangenen zu machen und alle verdächtigten Personen zu erschießen. Gewaltexzesse waren somit nicht nur erlaubt, sondern explizit von der Hierarchie gefordert und gedeckt. Ahlrich Meyer interpretiert diese Maßnahmen als eine Ausweitung der Repression auf die Zivilbevölkerung.[440] Dagegen argumentiert Peter Lieb, dass die Zahlen der zivilen Opfer der „Bandenbekämpfung" durch die verschiedenen *Résistance*-Einheiten weit übertrieben worden seien und es „ein weit verbreitetes, aber falsches Klischee [sei, dass] die Deutschen […] sich im Kampf gegen den französischen Widerstand an wehrlosen Zivilisten vergriffen [hätten], da sie die bewaffneten Partisanen nicht erwischen konnten."[441] Hier werden erneut die zwei Sichtweisen der Historiographie zur Repression in Frankreich deutlich, auch wenn Lieb relativierend ergänzt, dass es bei einzelnen Aktionen unterschiedlich zuging und dass „bei vielen eingesetzten Verbänden eine Mentalität zum Vorschein [kam], die sich wohl am besten […] mit dem Motto: „Lieber ein Toter zu viel als einer zu wenig!" beschreiben lässt."[442] Durch den Mangel an Quellen lässt sich teilweise schwer einschätzen, inwiefern die Befehle Sperrles und Keitels in der Praxis Anwendung fanden. Eine typische Vorgehensweise, um Widerständler und deren Unterstützer aufzuspüren, war die Durchsuchung ganzer Ortschaften. Dieser Methode bedienten sich auch die durch Barbie kommandierten mobilen Einheiten, wobei sie sich durch ein besonders

---

437 TMI XXIV, Oberbefehlshaber West, S. 242f, zitiert nach Rita Thalmann, „Ordre et sécurité: l'évolution de la politique d'occupation en France", in: Stefan Martens, Maurice Vaïsse (Hrsg.) (2002), S. 616.
438 CDCJ, CCCLXIV-3, Erlass des MBF, Betr.: Kampf gegen Banden und Sabotage, 12. Februar 1944, zitiert nach Beate Husser (1997), S. 148.
439 Ebd.
440 Ahlrich Meyer (2002), S. 160–161.
441 Peter Lieb (2007), S. 290–295.
442 Ebd., S. 295.

unerbittliches und brutales Vorgehen wie die Erschießung von Verdächtigen und die Brandschatzung mehrerer Häusern hervortaten.[443] Eine dieser Einheiten wurde im April 1944 während des Unternehmens „Frühling" einer Einheit des 99. Alpenjägerreservebataillons angegliedert.[444] Auch in diesem Fall lässt sich kaum bestimmen, ob es sich bei den Opfern tatsächlich um Unterstützer des Widerstands handelte. Die Ermordung ganzer Dörfer und die Schaffung „toter Zonen" wie im Osten blieben jedoch in Frankreich eine Ausnahme.[445]

Eines der wenigen Massaker an Zivilisten hatte im Rahmen der Großunternehmen gegen den *maquis* Werner Knab zu verantworten: Um den 21. Juli 1944 ermordeten Fallschirmjäger des Kampfgeschwaders 200, unterstützt durch eine Kompanie eines Ostbataillons, unter der Leitung Knabs in Vassieux-en-Vercors 71 Zivilisten, darunter viele Frauen und Kinder.[446] Knab verlangte ebenfalls, dass jeder Gefangene der Sipo-SD ausgeliefert werden müsse, da er die militärischen Gerichtshöfe als unnötig betrachtete.[447]

Lieferte im Osten der Partisanenkrieg den Vorwand für den Massenmord an den Juden, besteht für Frankreich in dieser Frage kein wissenschaftlicher Konsens. Prinzipiell geschah die „Endlösung" in Frankreich durch den Abtransport der jüdischen Bevölkerung in die Vernichtungslager im Osten, hauptsächlich nach Auschwitz.[448] Lieb behauptet, dass sich die Wehrmacht mit Ausnahme der „Aktion Brehmer" in der Dordogne „einer grundlosen Tötung der Juden" widersetzt habe, um die „Ruhe" hinter der Front zu wahren.[449] Die Gegenposition nimmt erneut Meyer ein, der einen

---

443 BA Ludwigsburg, B 162/30162, Anklageschrift, Ständiges Militärgericht Lyon, angefertigt von Bourely, Oberstleutnant beim Militärgericht, Stellvertreter des Staatskommissariats beim Ständigen Gericht der Streitkräfte in Lyon, S. 61.
444 Peter Lieb, „La 157e division de réserve et la lutte contre le maquis dans le Jura et les Alpes françaises", in: Bernard Garnier, Jean-Luc Leleu, Jean Quellien (Hrsg.) (2007), S. 292.
445 Peter Lieb (2007), S. 298.
446 Ebd., S. 340.
447 Peter Lieb, „La 157e division de réserve et la lutte contre le maquis dans le Jura et les Alpes françaises", in: Bernard Garnier, Jean-Luc Leleu, Jean Quellien (Hrsg.) (2007), S. 293.
448 Ebd., S. 398.
449 Ebd., S. 411.

Zusammenhang zwischen Judenvernichtung und Partisanenkampf sieht.[450] Lieb räumt den ‚wilden' Massakern an Gefangenen im Sommer 1944, die kurz vor dem Rückzug durch die deutschen Besatzer begangen wurden, in seiner Arbeit nur wenig Platz ein. Die angeführte Zahl von „mindestens 600 Inhaftierten" in ganz Frankreich erscheint viel zu niedrig. Allein im Raum Lyon wurden zwischen dem 8. April und dem 20. August 1944 ungefähr 669 Gefangene des Montluc-Gefängnisses an 33 verschiedenen Orten erschossen.[451] Die Gesamtzahl der „Erschossenen-Massakrierten" des Sommers 1944 ist schwer einzuschätzen. Die Forschungsarbeiten des Komitees für die Geschichte des Zweiten Weltkrieges geben eine Zahl in Höhe von 6 000 Opfern an. Sie rechnen jedoch nicht die massakrierten Widerständler und Opfer der Zeit nach dem 6. Juni 1944 mit ein. Hélène Guillon vermutet, dass in Frankreich nach dem 6. Juni 1944 mindestens 8 000 Personen ohne Prozessverfahren exekutiert wurden.[452]

2.3.2 Die ‚wilden' Massaker des Sommers 1944: die außergerichtliche Repression[453]

Den Verbrechen zum Ende der Besatzungszeit ist in der deutschen Forschung relativ wenig Beachtung geschenkt worden.[454] Noch zu den bekannteren unter ihnen zählen die Massaker von Oradour-sur-Glane[455] bzw. Tulle im Sommer 1944, bei denen auch Frauen und Kinder ermordet wurden. Dagegen richteten sich die ‚wilden' Massaker gegen Gefangene, die ohne Gerichtsverhandlung exekutiert wurden. Für diese Erschießungen vor dem Hintergrund der Ereignisse des Sommers 1944 könnte es verschiedene Erklärungsfaktoren geben.

Zunächst waren die Gefängnisse der Stadt Lyon überfüllt. Dies galt sowohl für das Wehrmachts-Gefängnis Montluc als auch für die französischen

---

450 Ahlrich Meyer (2002), S. 177–179.
451 Serge Barcellini, Annette Wieviorka (1999), S. 344.
452 Hélène Guillon, „Approche de la répression extrajudiciaire à l'été 1944", in: Bernard Garnier, Jean-Luc Leleu, Jean Quellien (Hrsg.) (2007), S. 317–318.
453 Ebd., S. 315.
454 Ahlrich Meyer (2005), S. 215.
455 Vgl. Jean-Luc Leleu, „D'une politique répressive à une politique terroriste: Oradour", in: Bernard Garnier, Jean-Luc Leleu, Jean Quellien (Hrsg.) (2007), S. 303–314.

Haftanstalten Saint-Paul und Saint-Joseph, wo ebenfalls Widerständler interniert waren. Die Eisenbahnnetze waren zu diesem Zeitpunkt bereits in einem zu schlechten Zustand, als dass die Überführung dieser politischen Gefangenen in Transitlager und weiter in Haftanstalten und Konzentrationslager in Deutschland oder Osteuropa noch möglich gewesen wäre. Der letzte Deportationszug, der neben Juden auch Widerständler aus den Lyoner Gefängnissen abtransportierte und die Stadt am 11. August 1944 verließ, passierte auf dem Weg nach Auschwitz nicht mehr das nationale Transitlager für jüdische Häftlinge in Drancy.[456] Dieser Deportationszug bildete den dritten Hauptanklagepunkt im Barbie-Prozess von 1987. Barbie selbst soll die entsprechenden Akten dazu vernichtet haben.[457] Um zu vermeiden, dass die inhaftierten Widerständler den Alliierten in die Hände fielen, wurde von Oberg der Befehl zur Räumung der Gefängnisse gegeben.[458]

So wurden bei „Säuberungsunternehmen" in Lyon und Umgebung Montluc-Gefangene meist unter dem Vorwand der Partisanenbekämpfung oder Geiselexekution erschossen.[459] Die Exekutionen sollten standardgemäß auch der Einschüchterung der lokalen Bevölkerung dienen und sie so von einer Aktivität im Widerstand abhalten – eine Unterdrückungsstrategie, die aus dem Personalmangel der Besatzer resultierte.[460] Dass der Großteil der Massaker jedoch in der Peripherie Lyons stattfand, könnte darauf hindeuten, dass die deutschen Besatzungskräfte paradoxerweise zu diesem

---

456 Sorj Chalandon, Pascale Nivelle (1998), S. 21.
457 Ebd.
458 Ebd.
459 Ahlrich Meyer (2005), S. 215. Bruno Permezel führt eine Liste der Massaker mit mehr als 18 Opfern an: Communay (9. Juni), Lissieu (10. Juni), Dagneux (12. Juni), Neuville (12. Juni), Villeneuve (13. Juni), Saint-Didier-de-Formans (16. Juni; Erschießung des Historikers Marc Bloch, der in Montluc inhaftiert war und zusammen mit 27 weiteren Häftlingen ermordet wurde), Roche (18. Juni), Porte-lès-Valence (8. Juli), Genas (12. Juli), Toussieu (12. Juli), Châtillon-d'Azergues (19. Juli), der Flugplatz Lyon-Bron (17., 18., 21., 22. und 23. August) und Saint-Genis-Laval (20. Juni August; 120 Opfer). Bruno Permezel (Hrsg.) (1999), S. 12.
460 Bernd Kasten, „Zwischen Pragmatismus und exzessiver Gewalt. Die Gestapo in Frankreich 1940–1944", in: Gerhard Paul, Klaus-Michael Mallmann (Hrsg.) (2000), S. 370–377.

Zeitpunkt auch eine zu große Öffentlichkeit vermeiden wollten, um den Widerstand nicht anzustacheln.

Nicht nur inhaftierte Widerständler fielen diesen Maßnahmen zum Opfer – ein beträchtlicher Teil der Ermordeten waren Juden. Ahlrich Meyer schätzt die Gesamtzahl der auf diese Weise ermordeten Juden in ganz Frankreich auf etwa 1 000.[461] So wurden 72 Häftlinge der „Judenbaracke" des Montluc-Gefängnisses am 17. und 18. August auf dem Flugplatz von Lyon-Bron erschossen.[462] Während Exhumierungsarbeiten, die nach der Befreiung Lyons im September 1944 durchgeführt wurden, stellte sich heraus, dass die jüdischen Opfer zwischen 16 und 75 Jahre alt gewesen waren.[463] Ihre Ermordung folgte keinem kriegsstrategischen Sinn wie die der Widerständler im Rahmen des alliierten Vormarsches in Frankreich,[464] sondern war rein ideologisch motiviert. Auch wenn die Ermordungsaktionen von jüdischen Gefangenen einen eher geringen prozentualen Anteil an der Gesamtheit der Massaker darstellten, waren sie dennoch Ausdruck der ideologischen Dimension der außergerichtlichen Repression des Sommers 1944.[465]

Die Mordbefehle kamen wohl von der Sipo-SD – Knab soll den Befehl Obergs zur „Leerschießung" der Gefängnisse weitergegeben haben.[466] Ausgeführt wurden die Exekutionen der Juden aller Wahrscheinlichkeit nach durch das Sonderkommando IV E – „Jerzy-Fichte", das nachweislich das Massaker am Flugplatz Lyon-Bron verübte, aber auch durch Angehörige der Wehrmacht wie das Wachkommando der 11. Kompanie des Sicherungsregiments 200.[467] Andere Akteure der Exekutionen, zum Beispiel des Massakers von Saint-Genis-Laval, waren Wehrmachtssoldaten und

---

461 Ahlrich Meyer (2005), S. 215. Er stützt sich dabei auf Zahlen von Serge Klarsfeld. Vgl. Serge Klarsfeld (1985), S. 320.
462 Ahlrich Meyer (2005), S. 215.
463 Vgl. Commissariat de la République (Hrsg.), *Mémorial de l'oppression. Fascicule N° 1. Région Rhône-Alpes*, Lyon [1945] 1984, S. 135f.
464 Am 15. August waren die alliierten Truppen in der Provence gelandet. Ahlrich Meyer (2005), S. 216.
465 Hélène Guillon, „Approche de la répression extrajudiciaire à l'été 1944", in: Bernard Garnier, Jean-Luc Leleu, Jean Quellien (Hrsg.) (2007), S. 320.
466 Ahlrich Meyer (2005), S. 219.
467 Ebd., S. 218–220.

Milice-Angehörige.[468] Wie auch bei anderen repressiven Maßnahmen zeichneten sich die Ermordungsaktionen des Sommers 1944 durch eine arbeitsteilige Organisation des Verbrechens aus.

Die Repressions- und Verfolgungsmaßnahmen der deutschen Besatzer in Lyon speisten sich bis in die letzten Tage der Okkupation auch aus ideologischen Motiven. Bis zuletzt wurden die Ziele der nationalsozialistischen Vernichtungspolitik umgesetzt, auch als die Hoffnung auf einen Sieg in Frankreich längst verblasst war. Die Massenerschießungen von Widerständlern und von Juden im Besonderen lassen sich auf einen Import von ‚Ostmethoden' nach Lyon zurückführen.

---

468 Hélène Guillon, „Approche de la répression extrajudiciaire à l'été 1944", in: Bernard Garnier, Jean-Luc Leleu, Jean Quellien (Hrsg.) (2007), S. 321.

Schlussfolgerung

Die Untersuchung der Besatzung von Lyon anhand von deutschen Quellen der militärischen und polizeilichen Dienststellen nach dem Ansatz der deutschen und französischen Geschichtsschreibung der zwei letzten Jahrzehnte ermöglicht es, den deutschen Unterdrückungsapparat in Lyon zu beleuchten. Die Quellenlage zeichnet sich jedoch durch die ungleichmäßige Verteilung der verschiedenen Bestände aus. Ein Großteil der Sipo-SD-Quellen wurde zerstört, doch Informationen zu den Besatzungsverhältnissen in Lyon, den Widerstandsaktivitäten und ihren Einfluss auf die Besatzungsorgane können indirekt durch militärische Quellen aufgezeigt werden. Die Schlussberichte des Kommandanten des Heeresgebiets Südfrankreich tragen schon den Samen der Verteidigungsstrategie der Wehrmacht in den Nachkriegsprozessen in sich – die Rechtfertigung der verwendeten Methoden und die Anprangerung der repressiven Maßnahmen der Sipo-SD. Sie zeugen auch vom Klima der Angst, das in den deutschen Dienststellen in den letzten Monaten der Besatzung herrschte. Die Widerstandsbewegungen schienen allgegenwärtig und allmächtig, jeder Franzose ein potentieller „Terrorist".

Die zentrale Frage des Einflusses der nationalsozialistischen Weltanschauung auf die Repressions- und Verfolgungsmaßnahmen spaltet die Geschichtsschreibung. Lyon, Sitz der deutschen Dienststellen in der Südzone, war auch eine Hochburg des Widerstands. Zudem erklären noch weitere Faktoren die Gewaltsteigerung der Besatzungspolitik. Schon der zeitliche Rahmen der Besatzung Lyons, von November 1942 bis September 1944, beeinflusste die Repressionspolitik der Lyoner Sipo-SD. Im November 1942 war nämlich sowohl der Höhe- als auch der Wendepunkt der deutsch-französischen Zusammenarbeit in Sicherheitsangelegenheiten erreicht. Die Jahre 1943 und 1944 waren vom Erstarken der Widerstandsbewegungen und u.a. vom *maquis* geprägt, sowie von der vermehrten Weigerung großer Teilen der französischen Polizeidienststellen, an den Verfolgungen teilzunehmen. Neben der Einsetzung von Werner Knab als Oberhaupt der Sipo-SD wurden auch in anderen französischen Städten Sipo-SD-Chefs geschickt, die für ihre repressive Aktivität im Osten berüchtigt waren und hart gegen „Terroristen" durchgreifen sollten. Knab zeichnete sich als Weltanschauungstäter aus, der seine Erfahrung im Partisanenkrieg in der Ukraine den französischen Verhältnissen anpasste. Der Indoktrinierungsgrad der Wehrmachtssoldaten und der Sipo-SD-Angestellten ist schwieriger einzuschätzen, da es an privaten Dokumenten wie Briefen oder Tagebüchern fehlt – wobei man bei solchen Quellen beachten muss, dass ihr Inhalt nicht frei von Legitimationsdiskursen ist.[469] Solche Diskurse finden sich in den Aussagen ehemaliger Sipo-SD-Mitglieder und Wehrmachtssoldaten im Rahmen von Nachkriegsprozessen wieder. Diese Aussagen verraten jedoch, wenn auch manchmal unabsichtlich, die arbeitsteilige Organisation der repressiven Maßnahmen und die Rolle von Soldaten in Exekutionskommandos und ‚wilden' Massakern an Widerständlern und Juden.

Faktoren wie der Indoktrinierungsgrad können ein Erklärungsmuster für das Verhalten von manchen Akteuren wie Werner Knab oder auch Klaus Barbie darstellen. Letztlich müssen jedoch auch der Rahmen und der Bewegungsspielraum erforscht werden, um die Handlungen von Besatzungsmitgliedern analysieren zu können. Diese handeln nämlich in einem bestimmten zeitlichen und geographischen Kontext, im Verhältnis mit verschiedenen Personen und Strukturen. Die Erfahrung der Ostfront und der Partisanenbekämpfung in den „besetzen Gebieten" Osteuropas spiegelte sich in den repressiven Maßnahmen wider, die in Lyon gegen die *Résistance* und die Juden angewendet wurden. Diese Erfahrung, die von Leuten wie Knab oder dem Sonderkommando IV E „Jerzy-Fichte" nach Frankreich eingebracht wurde, kombinierte sich jedoch mit Faktoren, die für die Situation in Lyon und in Frankreich spezifisch waren. Einen wichtigen Auslöser repressiver Maßnahmen bildete der erhebliche Mangel an Mitteln und Personal der deutschen Besatzungsbehörden. Dieser Mangel an Ausführungskräften, die dem Ausmaß des Gebiets nicht gewachsen waren, für das die Besatzer zuständig waren, führte zu einer Überschätzung der Stärke der Widerstandsbewegungen. Diese Überschätzung wurde zudem durch die tatsächliche Überforderung der Außendienststellen gefördert, wo der Personalmangel noch viel schwerwiegender war. Diese Situation führte zu einem Klima der Angst, das brutale Maßnahmen auslöste. Obwohl der in den letzten

---

469 Ulrike Jureit, „Motive-Mentalitäten-Handlungsspielräume. Theoretische Anmerkungen zu Handlungsoptionen von Soldaten", in: Christian Hartmann, Johannes Hürter, Ulrike Jureit (Hrsg.) (2005), S. 165.

Augustwochen des Jahres 1944 ernannte Kommandant des Heeresgebiets Südfrankreich Ernst Dehner im Partisanenkampf über große Erfahrung verfügte, konnten die *maquis*-Kämpfern im Endeffekt nicht besiegt werden. Dieses Scheitern und die Auflösung der deutschen Kräfte im Sommer 1944 nach dem Zusammenschluss der alliierten Einheiten und der *Résistance*-Verbände führten u. a. zu den schlimmsten Verbrechen der Besatzungszeit in Lyon, den ‚wilden' Massakern an Gefangenen des Montluc-Gefängnisses und weiterer Haftanstalten. Diese Massaker zeugen von dem harten Kurs, den die Besatzungsorgane in Lyon, „diesem so heißen Boden", fuhren.

Sie können zum einen als strategische Maßnahme gesehen werden, damit jene Widerstandskämpfer nicht in die Hände der Alliierten fielen und sich so dem französischen Befreiungskampf anschlossen. Bei diesen Erschießungen konnte nicht mehr der Anschein der Legalität aufrechterhalten werden, mit dem die Todesurteile der beiden deutschen militärischen Gerichtshöfe bis zum Anfang des Sommers 1944, als sie noch tätig waren, Hinrichtungen ausstatteten. Die Opfer der ‚wilden' Massaker, gefangengenommene Widerständler, hätten jedoch ein paar Monate früher noch von solchen Todesurteilen betroffen sein können. Insofern unterschieden sich der gerichtliche und der außergerichtliche Terror nicht groß voneinander, da die Todesurteile der Gerichtshöfe ohne Anwalt und willkürlich gefällt wurden. Diese Urteile bezeugen ebenfalls die schwere Verantwortung des Militärs bei der Repression, noch vor dem Einsetzen von Wehrmachtseinheiten in den Großunternehmen gegen den *maquis*. Die genaue Zahl der zum Tode Verurteilten kann jedoch angesichts des Verschwindens der Quellen nicht erfasst werden.

Zum anderen erfolgten diese Massaker im Rahmen der Durchsetzung der „Endlösung der Judenfrage", die noch bis zu den letzten Wochen der Besatzung ein klares Ziel der deutschen Besatzungsorgane in Lyon war. Dies zeigt wiederum den starken Einfluss der nationalsozialistischen Weltanschauung in den Verfolgungsmaßnahmen: da die Zuggleise durch Bombardierungen zerstört waren und es nicht mehr möglich war, die jüdischen Häftlinge nach Auschwitz deportieren zu lassen, wurden diese erschossen. Befehlsgeber Knab, unterstützt u. a. durch das Sonderkommando IV E, verfolgte also bis zum Ende nicht nur strategische Ziele – die Bekämpfung von Widerständlern – sondern auch rein ideologisch-motivierte Ziele.

So zeigte sich der Einfluss der Weltanschauung stärker in den anti-jüdischen Maßnahmen als im Kampf gegen den Widerstand, der auch durch andere Faktoren geprägt war – geographischer und zeitlicher Rahmen der Besatzung, Mangel an Personal, Vorbehalte der französischen Polizeikräfte und Brutalität der bei der Zivilbevölkerung verhassten Gruppen von Kollaborationisten. Die in diesem Kampf angewandten Methoden – Folter, Hinrichtungen und Repressalien wie das Massaker von Vassieux-en-Vercors – wurden von der Ost-Erfahrung des Kommandeurs und von Männern seiner Dienststellen beeinflusst und können so in einem Zusammenhang der Verrohung und der Brutalisierung gesehen werden. Dies wurde zudem auch durch die Zusammenarbeit der militärischen Einheiten und sogar durch Formen der Solidarität zwischen den Angehörigen der Wehrmacht und der Sipo-SD bekräftigt, die sich demselben allgegenwärtigen, allmächtigen Feind ausgeliefert sahen. Obwohl die Besatzung von Lyon bis heute von der Figur Klaus Barbies dominiert wird, ist sie durch eine stark arbeitsteilige Organisation der Repression geprägt. Diese ermöglichte es ehemaligen Besatzungsmitgliedern der Wehrmacht bzw. der Sipo-SD, sich in ihren Aussagen während der Nachkriegsprozesse die Schuld gegenseitig zuzuweisen, was die Erkenntnis der jeweiligen Verantwortung bis heute erschwert.

Quellenverzeichnis

Archives nationales, Paris (AN)
AJ 40/448; AJ 40/449; AJ 40/453; AJ 40/545; AJ 40/965; AJ 40/969: Quellen der deutschen militärischen Besatzungsbehörden in Frankreich
F/7/15142; F/7/15143: Quellen der Sipo-SD in Frankreich

Bundesarchiv-Militärarchiv Freiburg-im-Breisgau (BA-MA)
RH 34/260; RH 36/28; RH 36/399; RW 35/1318; RW 49/72: Quellen der deutschen militärischen Besatzungsbehörden in Frankreich

Bundesarchiv Berlin-Lichterfelde (BA Berlin)
NS 19/957; NS 19/1927; R/70/12; R/70/13; G0051; SSO 184-A: Quellen der Sipo-SD, Personalakten der SS-Angehörigen

Bundesarchiv Außenstelle Ludwigsburg (BA Ludwigsburg)
B 162/3396; B 162/3398; B 162/3403; B 162/5063; B 162/6298; B 162/28616; B162/30162; B162/30163; B162/6298: Quellen der Zentralen Stelle zur Aufklärung nationalsozialistischer Verbrechen in Ludwigsburg, juristische Quellenbestände der Nachkriegsprozesse gegen ehemalige Mitglieder der Sipo-SD von Lyon

Centre de Documentation Juive Contemporaine (CDJC, Zentrum für zeitgenössische jüdische Dokumentation)
VII-10; XLVI-30/39; XXVa-272: Quellen der Sipo-SD von Lyon und Paris

Archives départementales du Rhône (AD Rhône, Archivzentrum des *départements* Rhône)
3808 W 25; 3808 W 840: Archivbestände der Dienststelle für die Auffindung von feindlichen Kriegsverbrechen

Centre d'Histoire de la Résistance et de la Déportation von Lyon (CHRD, Zentrum für die Geschichte des Widerstands und der Deportation)
Ar. 1551 Maurice-Picard-Bestand: Akten der kollaborationistischen Gruppen und der *Milice* in Lyon
Bestand des Vereins der Überlebenden von Montluc

Literaturverzeichnis

Lexika und Wörterbücher

BENZ Wolfgang, GRAML Hermann, WEISS Hermann (Hrsg.), *Enzyklopädie des Nationalsozialismus*, München [1997] 2007.

FONTAINE Thomas, „Chronologie: Répression et persécution en France occupée 1940–1944", in: *Encyclopédie en ligne des violences de masse*, 7. Dezember 2009, S. 1–28, <www.massviolence.org/Chronologie-Repression-et-persec ution-en-France-occupee>, [25 September 2010].

LELEU Jean-Luc, PASSERA Françoise, QUELLIEN Jean (Hrsg.), *La France pendant la Seconde Guerre mondiale. Atlas historique*, Paris 2010.

MARCOT François (Hrsg.), *Dictionnaire historique de la Résistance*, Paris 2006.

MIANNAY Patrice, *Dictionnaire des agents doubles dans la Résistance*, Paris 2005.

SCHLOCHAUER Hans-Jürgen (Hrsg.), *Wörterbuch des Völkerrechts*, Berlin 1960.

WEISS Hermann (Hrsg.), *Biographisches Lexikon zum Dritten Reich*, Frankfurt am Main 1998.

Werke zu den Quellenbeständen des Zweiten Weltkrieges

Archives nationales, *La France et la Belgique sous l'occupation allemande 1940–1944. Les fonds allemands conservés aux Centre historique des Archives nationales. Inventaire de la sous-série AJ 40*, Paris 2002.

ADLER-BRESSE Marcelle, „Les sources allemandes de la Deuxième Guerre mondiale", *Revue d'histoire de la Deuxième Guerre mondiale*, Nr. 41, 1961, S. 41–62.

BLANC Brigitte, ROUSSO Henry, de TOURTIER-BONAZZI Chantal, *La Seconde guerre mondiale. Guide des sources conservées en France 1939–1945*, Paris 1994.

BOBERACH Heinz, THOMMES Rolf, WEISS Hermann, *Ämter, Abkürzungen, Aktionen des NS-Staates. Handbuch für die Benutzung von Quellen der nationalsozialistischen Zeit. Amtsbezeichnungen, Ränge und Verwaltungsgliederungen, Abkürzungen und nichtmilitärische Tarnbezeichnungen*, München 1997.

GRANIER Gerhard, „Rückgabe deutscher militärischer Archivalien durch Frankreich", *Der Archivar*, Nr. 44, 1991, S. 291–294.

HENKE Joseph, „Das Schicksal deutscher zeitgeschichtlicher Quellen in Kriegs- und Nachkriegszeit. Beschlagnahme – Rückführung – Verbleib", *Vierteljahrshefte für Zeitgeschichte* (Vfz), Nr. 30, 1982, S. 557–620.

MARTENS Stefan (Hrsg.), *Frankreich und Belgien unter deutscher Besatzung 1940–1944. Die Bestände des Bundesarchiv-Militärarchivs Freiburg*, Stuttgart 2002.

SCHNATH Georg, STEIN Wolfgang Hans (Hrsg.), *Inventar von Quellen zur deutschen Geschichte in Pariser Archiven und Bibliotheken*, Koblenz 1986.

STEINBERG Lucien, *Les autorités allemandes en France occupée, inventaire commenté de la collection de documents conservés au Centre de Documentation Juive Contemporaine*, 2 Bd., Paris 1966.

VAN REETH Benoît (Hrsg.), *Répertoire numérique du Fonds du service du Mémorial de l'oppression et de la délégation régionale du Service de recherche des crimes de guerre ennemis*, Lyon 2003.

Besatzung, Repression und Verfolgungen in Frankreich und Europa 1940–1945: französische Geschichtsschreibung und deutsche und internationale Täterforschung

ARENDT Hannah, *Nach Auschwitz. Essays und Kommentare*, Berlin 1989.

AZEMA Jean-Pierre, „La France dans l'automne 1942", in: MARTENS Stefan, VAÏSSE Maurice (Hrsg.), *Frankreich und Deutschland im Krieg (November 1942-Herbst 1944). Okkupation, Kollaboration, Résistance*, Bonn 2002, S. 7–13.

–, *1940. L'année noire*, Paris 2010.

AZIZ Philippe, *Le livre noir de la trahison. Histoires de la Gestapo en France*, Paris 1984.

BÉDARIDA François, BÉDARIDA Renée, „La persécution des Juifs", in: AZÉMA Jean-Pierre, BÉDARIDA François (Hrsg.), *La France des années noires*, Bd. 2, Paris [1993] 2000, S. 149–182.

BIRN Ruth Bettina, *Die Höheren SS- und Polizeiführer. Himmlers Vertreter im Reich und den besetzten Gebieten*, Düsseldorf 1986.

BÖHLER Jochen, „Mythe du franc-tireur et atrocités de guerre: une constante de la conduite allemande de la guerre lors des deux conflits mondiaux?", in:

GARNIER Bernard, LELEU Jean-Luc, QUELLIEN Jean (Hrsg.), *La répression en France 1940–1945*, Caen 2007, S. 31–40.

BROWDER George C., *Hitler's enforcers*, New York, Oxford 1996.

BROWNING Christopher R., *Ganz normale Männer. Das Reserve-Polizeibataillon 101 und die „Endlösung" in Polen*, Hamburg 1993.

BRUNNER Bernhard, *Der Frankreich-Komplex. Die nationalsozialistischen Verbrechen in Frankreich und die Justiz der Bundesrepublik Deutschland*, Göttingen 2004.

BURRIN Philippe, *La France à l'heure allemande, 1940–1944*, Paris 1995.

CARLIER Claude, MARTENS Stefan (Hrsg.), *La France et l'Allemagne en guerre (Septembre 1939-Novembre 1942) – Deutschland und Frankreich im Krieg (September 1939-November 1942)*, Paris 1990.

CHALANDON Sorj, NIVELLE Pascale, *Crimes contre l'humanité. Barbie-Touvier-Bousquet-Papon*, Paris 1998.

CHAUVY Gérard, „Les réseaux infiltrés par des taupes", *Historia*, Nr. 670, Oktober 2002, S. 62–65.

COMMISSARIAT de la RÉPUBLIQUE (Hrsg.), *Mémorial de l'oppression. Fascicule N°1. Région Rhône-Alpes*, Lyon [1945] 1984.

DEFRASNE Jean, *L'occupation allemande en France*, Paris 1985.

DELACOR Regina M., *Attentate und Repressionen. Ausgewählte Dokumente zur zyklischen Eskalation des NS-Terrors im besetzten Frankreich 1941/42*, Stuttgart 2000.

–, „L'évolution de la politique répressive pendant l'occupation allemande en France", in: GARNIER Bernard, LELEU Jean-Luc, QUELLIEN Jean (Hrsg.), *La répression en France 1940–1945*, Caen 2007, S. 59–67.

DELARUE Jacques, *Histoire de la Gestapo*, Paris 1962.

EISMANN Gaël, *Hôtel Majestic, Ordre et sécurité en France occupée (1940–1944)*, Paris 2010.

–, „L'escalade d'une répression à visage légal. Les pratiques judiciaires des tribunaux du MBF, 1940–1944", in: EISMANN Gaël, MARTENS Stefan (Hrsg.), *Occupation et répression militaire allemandes. La politique de „maintien de l'ordre" en Europe occupée, 1939–1945*, Paris 2007, S. 127–167.

–, „Maintenir l'ordre: le MBF et la sécurité locale en France occupée", *Vingtième Siècle. Revue d'histoire*, Nr. 98, April-Juni 2008, S. 125–139.

FONTAINE Thomas, „Les déportés de répression partis de France: définition et connaissance", *Bulletin trimestriel de la Fondation Auschwitz*, Nr. 85, 2004, S. 7–22.

FÖRSTER Jürgen, „La campagne de Russie et la radicalisation de la guerre: stratégie et assassinats de masse", in: BÉDARIDA François (Hrsg.), *La politique nazie d'extermination*, Paris 1989, S. 177–195.

GOLDHAGEN Daniel J., *Hitlers willige Vollstrecker. Ganz gewöhnliche Deutsche und der Holocaust*, Berlin 1996.

GREINER Helmuth, SCHRAMM Percy Ernst, JACOBSEN Hans-Adolf (Hrsg.), *Kriegstagebuch des Oberkommandos der Wehrmacht*, Bd. 2: *1. Januar bis 31. Dezember 1942*, Frankfurt am Main 1963.

GUILLON Hélène, „Approche de la répression extrajudiciaire à l'été 1944", in: GARNIER Bernard, LELEU Jean-Luc, QUELLIEN Jean (Hrsg.), *La répression en France 1940–1945*, Caen 2007, S. 315–328.

GUILLON Jean-Marie, „La France du Sud-Est", in: AZÉMA Jean-Pierre, BÉDARIDA François (Hrsg.), *La France des années noires*, Bd. 2, Paris [1993] 2000, S. 183–201.

HAMBURGER INSTITUT FÜR SOZIALFORSCHUNG (Hrsg.), *Verbrechen der Wehrmacht. Dimensionen des Vernichtungskrieges 1941–1944. Ausstellungskatalog*, Hamburg 2002.

HEER Hannes, NAUMANN Klaus (Hrsg.), *Vernichtungskrieg. Verbrechen der Wehrmacht 1941 bis 1944*, Hamburg 1995.

HÖHNE Heinz, *Der Orden unter dem Totenkopf*, Gütersloh 1967.

HUSSER Beate, *Les autorités allemandes d'occupation en France à travers les archives allemandes (conservées en Allemagne). Aspects de la répression et de la persécution (1940–1944)*, Magisterarbeit, Universität Paris-III, 1997.

INGRAO Christian, *Croire et détruire. Les intellectuels dans la machine de guerre SS*, Paris 2010.

JÄCKEL Eberhard, *Frankreich in Hitlers Europa*, Stuttgart 1966.

JUREIT Ulrike, „Motive – Mentalitäten – Handlungsspielräume. Theoretische Anmerkungen zu Handlungsoptionen von Soldaten", in: HARTMANN Christian, HÜRTER Johannes, JUREIT Ulrike (Hrsg.), *Verbrechen der Wehrmacht. Bilanz einer Debatte*, München 2005, S. 163–170.

KASTEN Bernd, „*Gute Franzosen*". *Die französische Polizei und die deutsche Besatzungsmacht im besetzten Frankreich, 1940–1944*, Sigmaringen 1993.

–, „Zwischen Pragmatismus und exzessiver Gewalt. Die Gestapo in Frankreich 1940–1944", in: PAUL Gerhard, MALLMANN Klaus-Michael (Hrsg.), *Die Gestapo im Zweiten Weltkrieg. ‚Heimatfront' und besetztes Europa*, Darmstadt 2000, S. 362–382.

KLARSFELD Serge, *Le livre des otages. La politique des otages menée par les autorités allemandes d'occupation en France de 1941 à 1943*, Paris 1979.

KLINKHAMMER Lutz, „Der Partisanenkrieg der Wehrmacht 1941–1944", in: MÜLLER Rolf-Dieter, VOLKMANN Hans-Erich (Hrsg.), *Die Wehrmacht. Mythos und Realität*, München 1999, S. 815–836.

KRAMER Alan, „Les ‚atrocités allemandes': mythologie populaire, propagande et manipulations dans l'armée allemande", *Guerres mondiales et conflits contemporains*, Nr. 171, 1993, S. 47–67.

KRAUSNICK Helmut, WILHELM Hans-Heinrich, *Die Truppe des Weltanschauungskrieges. Die Einsatzgruppen der Sicherheitspolizei und des SD 1938–1942*, Stuttgart 1981.

KROENER Bernhard R., MÜLLER Rolf-Dieter, UMBREIT Hans, *Organisation und Mobilisierung des deutschen Machtbereichs. Zweiter Halbband. Kriegsverwaltung, Wirtschaft und personelle Ressourcen, 1942–1944/45*, in: *Das deutsche Reich und der Zweite Weltkrieg*, Bd. 5, Stuttgart 1999.

LAGROU Pieter, „Guerre honorable sur le front de l'Ouest: crime, punition et réconciliation", in: EISMANN Gaël, MARTENS Stefan (Hrsg.), *Occupation et répression militaire allemandes. La politique de « maintien de l'ordre » en Europe occupée, 1939–1945*, Paris 2007, S. 201–220.

LAPPENKÜPER Ulrich, „Der ‚Schlächter von Paris': Carl-Albrecht Oberg als höherer SS- und Polizeiführer in Frankreich 1942–1944", in: MARTENS Stefan, VAÏSSE Maurice (Hrsg.), *Frankreich und Deutschland im Krieg (November 1942 – Herbst 1944). Okkupation, Kollaboration, Résistance*, Bonn 2002, S. 129–143.

LAUB Thomas J., *After the fall. German policy in occupied France, 1940–1944*, Oxford 2010.

LELEU Jean-Luc, „D'une politique répressive à une politique terroriste: Oradour", in: GARNIER Bernard, LELEU Jean-Luc, QUELLIEN Jean (Hrsg.), *La répression en France 1940–1945*, Caen 2007, S. 303–314.

LIEB Peter, *Konventioneller Krieg oder NS-Weltanschauungskrieg? Kriegführung und Partisanenbekämpfung in Frankreich 1943–1944*, München 2007.

–, „La 157ᵉ division de réserve et la lutte contre le maquis dans le Jura et les Alpes françaises", in: GARNIER Bernard, LELEU Jean-Luc, QUELLIEN Jean (Hrsg.), *La répression en France 1940–1945*, Caen 2007, S. 289–301.

–, „Répression et massacres. L'occupant allemand face à la résistance française, 1943–1944", in: Eismann Gaël, Martens Stefan (Hrsg.), *Occupation et répression militaire allemandes, 1939–1945. La politique de „maintien de l'ordre" en Europe occupée*, Paris 2007, S. 169–185.

–, „Wehrmacht, Waffen-SS et Sipo-SD: La répression en France 1943–1944", in: *La répression en France à l'été 1944*, Kolloquiumsbericht der Fondation de la Résistance und der Stadt Saint-Amand-Montrond, Saint-Amand-Montrond, 8. Juni 2005, Paris 2007, <www.fondationresistance.org/documents/ee/Doc00004-002.pdf>, [10.12.2010].

LIEB Peter, PAXTON Robert O., „Maintenir l'ordre en France occupée. Combien de divisions?", *Vingtième Siècle. Revue d'histoire*, Nr. 112, April 2011, S. 115–126.

LUTHER Hans, *Der französische Widerstand gegen die deutsche Besatzungsmacht und seine Bekämpfung*, Tübingen 1957.

MALLMANN Klaus-Michael, „Menschenjagd und Massenmord. Das neue Instrument der Einsatzgruppen und -kommandos 1938–1945", in: PAUL Gerhard, MALLMANN Klaus-Michael (Hrsg.), *Die Gestapo im Zweiten Weltkrieg. ,Heimatfront' und besetztes Europa*, Darmstadt 2000, S. 291–316.

–, „,Aufgeräumt und abgebrannt'. Sicherheitspolizei und Bandenkampf in der besetzten Sowjetunion", in: PAUL Gerhard, MALLMANN Klaus-Michael (Hrsg.), *Die Gestapo im Zweiten Weltkrieg. ,Heimatfront' und besetztes Europa*, Darmstadt 2000, S. 503–520.

MANOSCHEK Walter, „,Wo der Partisan ist, ist der Jude, und wo der Jude ist, ist der Partisan'. Die Wehrmacht und die Shoah", in: PAUL Gerhard (Hrsg.) *Die Täter der Shoah. Fanatische Nationalsozialisten oder ganz normale Deutsche?*, Göttingen 2002, S. 167–185.

MEYER Ahlrich, „,...dass französische Verhältnisse anders sind als polnische'. Die Bekämpfung des Widerstands durch die deutsche Militärverwaltung in Frankreich 1941", in: MEYER Ahlrich (Hrsg.), *Repression und Kriegsverbrechen. Die Bekämpfung von Widerstands- und Partisanenbewegungen gegen die deutsche Besatzung in West- und Südeuropa*, Göttingen 1997, S. 43–92.

–, „Die friedlichen Zeiten sind vorüber. Wir befinden uns im Feindesland!" Unternehmen des deutschen Militärbefehlshabers zur Bekämpfung des maquis in den départements Ain und Dordogne im Frühjahr 1944", in: Martens Stefan, Vaïsse Maurice (Hrsg.), *Frankreich und Deutschland im Krieg (November 1942 – Herbst 1944). Okkupation, Kollaboration, Résistance*, Bonn 2002, S. 587–603.

–, „Les débuts du ‚cycle attentats-répression' en automne 1941", in: Douzou Laurent, Frank Robert, Peschanski Denis, Veillon Dominique (Hrsg.), *La Résistance et les Français: villes, centre et logiques de décision*, Paris 1995, S. 485–498.

–, *L'occupation allemande en France, 1940–1944*, Paris 2002.

–, *Täter im Verhör. Die ‚Endlösung der Judenfrage' in Frankreich 1940–1944*, Darmstadt 2005.

Müller Rolf-Dieter, „Die Wehrmacht – Historische Last und Verantwortung. Die Historiographie im Spannungsfeld von Wissenschaft und Vergangenheitsbewältigung", in: Müller Rolf-Dieter, Volkmann Hans-Erich (Hrsg.), *Die Wehrmacht. Mythos und Realität*, München 1999, S. 3–38.

Nestler Ludwig (Hrsg.), *Europa unterm Hakenkreuz. Die Okkupationspolitik des deutschen Faschismus (1938–1945) – Die faschistische Okkupationspolitik in Frankreich (1940–1944)*, Berlin 1990.

Paul Gerhard, Mallmann Klaus-Michael (Hrsg.), *Die Gestapo im Zweiten Weltkrieg. 'Heimatfront' und besetztes Europa*, Darmstadt 2000.

Peschanski Denis, *La France des camps. L'internement 1938–1946*, Paris 2002.

Pohl Dieter, „Die Kooperation zwischen Heer, SS und Polizei in den besetzten sowjetischen Gebieten", in: Hartmann Christian, Hürter Johannes, Jureit Ulrike (Hrsg.), Verbrechen der Wehrmacht. Bilanz einer Debatte, München 2005, S. 107–116.

Quesnee Guillaume, „La déportation «*Nacht und Nebel*» au départ de France. La procédure ‚*Nacht und Nebel*', origines et promulgation du décret", *Bulletin trimestriel de la Fondation Auschwitz*, Nr. 84, 2004, S. 27–52.

Solchany Jean, „Le commandement militaire en France face au fait résistant: logiques d'identification et stratégies d'éradication", in: Douzou Laurent, Frank Robert, Peschanski Denis, Veillon Dominique (Hrsg.), *La Résistance et les Français: villes, centre et logiques de décision*, Paris 1995, S. 511–530.

Steinberg Lucien, *Les Allemands en France 1940–1944*, Paris 1980.

SUNNUS Michael, *Der NS-Rechtswahrerbund (1928–1945): zur Geschichte der nationalsozialistischen Juristenorganisation*, Frankfurt am Main 1990.

THALMANN Rita, *La mise au pas. Idéologie et stratégie sécuritaire dans la France occupée*, Paris 1991.

–, „Ordre et sécurité: l'évolution de la politique d'occupation en France", in: MARTENS Stefan, VAÏSSE Maurice (Hrsg.), *Frankreich und Deutschland im Krieg (November 1942-Herbst 1944). Okkupation, Kollaboration, Résistance*, Bonn 2002, S. 605–619.

THAMER Hans-Ulrich, „Entscheidung im Westen? Frankreich in der deutschen Politik und Strategie 1944", in: UMBREIT Hans (Hrsg.), *Invasion 1944*, Hamburg 1998, S. 1–16.

UMBREIT Hans, *Der Militärbefehlshaber in Frankreich 1940–1944*, Boppard am Rhein 1968.

WELZER Harald, „Wer waren die Täter? Anmerkungen zur Täterforschung aus sozialpsychologischer Sicht", in: PAUL Gerhard (Hrsg.) *Die Täter der Shoah. Fanatische Nationalsozialisten oder ganz normale Deutsche?*, Göttingen 2002, S. 237–253.

Kollaboration und Kollaborationismus 1940–1944

AZÉMA Jean-Pierre, „La Milice", *Vingtième Siècle. Revue d'histoire*, Nr. 28, Oktober-Dezember 1990, S. 83–106.

–, „Le régime de Vichy", in: AZÉMA Jean-Pierre, BÉDARIDA François (Hrsg.), *La France des années noires*, Bd. 1, Paris 2000 [1993].

AZIZ Philippe, *Au service de l'ennemi, la Gestapo française en province*, Paris 1972.

BARUCH Marc Olivier, „Qui sont les préfets de Vichy?" o. D., Institut d'Histoire du Temps Présent, Deutsches Historisches Institut Paris, <http://www.ihtp.cnrs.fr/prefets/qui_sont_prefets_baruch.html>, [15. Juli 2012].

BÉDARIDA François (Hrsg.), *Touvier, le dossier de l'accusation*, Paris 1996.

BERLIÈRE Jean-Marc, „Les ‚polices' de l'État français: genèse et construction d'un appareil répressif", in: GARNIER Bernard, LELEU Jean-Luc, QUELLIEN Jean (Hrsg.), *La répression en France 1940–1945*, Caen 2007, S. 107–127.

–, „L'impossible pérennité de la police républicaine sous l'Occupation", *Vingtième siècle. Revue d'histoire*, Nr. 94, Februar 2002, S. 183–198.

Biscarat Pierre-Jérôme, *Les enfants d'Izieu, 6 avril 1944: crime contre l'humanité*, Grenoble 2003.

Boüard Michel de, „La répression allemande en France de 1940 à 1944", *Revue d'Histoire de la Deuxième Guerre mondiale*, Nr. 54, April 1964, S. 63–90.

Burrin Philippe, *La dérive fasciste. Doriot, Déat, Bergery, 1933–1945*, Paris 1986.

Delperrié de Bayac Jacques, *L'histoire de la Milice*, Paris 1969.

Giolitto Pierre, *Histoire de la Milice*, Paris [1997] 2002.

Guillon Jean-Marie, „Collaboration(s) et collaborationnisme. Vue d'ensemble", in: *De la collaboration à la répression de la Résistance*, Studientag an der Maison Méditerranéenne des Sciences de l'Homme, Aix-en-Provence, 11. Januar 2011.

Klarsfeld Serge, *Vichy-Auschwitz: Le rôle de Vichy dans la solution finale de la question juive en France, 1943–1944*, Paris 1985.

Ory Pascal, *Les collaborateurs, 1940–1945*, Paris 1976.

Paxton Robert O., *La France de Vichy*, Paris [1973] 1999.

Rémond René, *Paul Touvier et l'Eglise*, Paris 1992.

Rivet (Général), „Abwehr et Gestapo en France pendant la guerre", *Revue d'Histoire de la Deuxième Guerre mondiale*, Nr. 1, November 1950, S. 29–50.

Der französische Widerstand 1940–1944

Aubrac Raymond, „Aspects militaires de la Résistance", in: Azéma Jean-Pierre, Bédarida François, Frank Robert (Hrsg.), *Jean Moulin et la Résistance, Les Cahiers de l'IHTP*, Nr. 27, Juni 1994, S. 27–35.

Buton Philippe, „Le parti communiste", in: Azéma Jean-Pierre, Bédarida François, Frank Robert (Hrsg.), *Jean Moulin et la Résistance, Les Cahiers de l'IHTP*, Nr. 27, Juni 1994, S. 59–76.

Douzou Laurent, „Libération-Sud", in: Azéma Jean-Pierre, Bédarida François, Frank Robert (Hrsg.), *Jean Moulin et la Résistance, Les Cahiers de l'IHTP*, Nr. 27, Juni 1994, S. 77–95.

Frank Robert, „Introduction", in: Azéma Jean-Pierre, Bédarida François, Frank Robert (Hrsg.), *Jean Moulin et la Résistance, Les Cahiers de l'IHTP*, Nr. 27, Juni 1994, S. 5–7.

GUILLON Jean-Marie, „La Résistance au lendemain de la mort de Jean Moulin. Bilan d'ensemble", in: AZÉMA Jean-Pierre, BÉDARIDA François, FRANK Robert (Hrsg.), *Jean Moulin et la Résistance, Les Cahiers de l'IHTP*, Nr. 27, Juni 1994, S. 45–58.

–, „Le Midi", in: AZÉMA Jean-Pierre, BÉDARIDA François, FRANK Robert (Hrsg.), *Jean Moulin et la Résistance, Les Cahiers de l'IHTP*, Nr. 27, Juni 1994, S. 103–112.

VEILLON Dominique, AZÉMA Jean-Pierre, „Le point sur Caluire", in: AZÉMA Jean-Pierre, BÉDARIDA François, FRANK Robert (Hrsg.), *Jean Moulin et la Résistance, Les Cahiers de l'IHTP*, Nr. 27, Juni 1994, S. 127–143.

VISTEL Alban, *La nuit sans ombres*, Paris 1970.

Lyon im Zweiten Weltkrieg

AMORETTI Henri, *Lyon capitale: 1940–1944*, Paris 1964.

AULAS Bernard, *Vie et mort des Lyonnais en guerre, 1939–1945*, Lyon 1974.

BEATTIE John, *Klaus Barbie: His Life and Career*, London 1984.

BOWER Tom, *Klaus Barbie, The butcher of Lyons*, New York 1984.

–, *Klaus Barbie. Lyon, Augsburg, La Paz-Karriere eines Gestapo-Chefs*, Berlin 1984.

CHAUVY Gérard, *Lyon 40–44*, Paris [1985] 1993.

–, *Lyon, 1940–1947. L'Occupation, la Libération, l'épuration*, Paris 2004.

–, *Lyon des années bleues. Libération-Épuration*, Paris 1987.

DÉCHELETTE Charles, *Cent jours de détention par la Gestapo allemande, 15 mai-23 août 1944*, Charlieu, o.D.

DOUZOU Laurent, *Voler les Juifs: Lyon 1940–1945*, Paris 2003.

GREILSAMER Laurent, SCHNEIDERMANN Daniel, *Un certain Monsieur Paul: l'affaire Touvier*, Paris 1989.

HARZER Philippe, *Klaus Barbie et la Gestapo en France*, Paris 1983.

KLARSFELD Serge, *La rafle de la rue Sainte-Catherine le 9 février 1943*, Documentation réunie et publiée par Serge KLARSFELD, Paris o.D.

–, *Les enfants d'Izieu, une tragédie juive*, Documentation réunie et publiée par Serge KLARSFELD, Paris 1984.

LÉCULIER Raymond, *À Montluc, prisonnier de la Gestapo: souvenirs de Raymond Léculier, 25 novembre 1943–25 août 1944*, recueillis par JOLY Alice, Lyon 2006.

LE MAREC Georges, *Lyon sous l'Occupation*, Évreux 1984.

LESÈVRE Lise, *Face à Barbie: souvenirs cauchemars de Montluc à Ravensbrück*, Paris 1987.

MEIER Elisabeth, *L'organisation de la répression allemande à Lyon, 1942–1944*, Masterarbeit, Aix-Marseille Université 2011.

–, „L'appareil d'occupation allemand à Lyon, 1942–1944. Composition, fonctionnement et politiques de répression", *Francia. Forschungen zur Westeuropäischen Geschichte*, Nr. 41, 2014, S. 301–319.

–, „Un exemple de collaborationnisme: Francis André et son équipe", *Le Patriote Résistant*, Nr. 868, Oktober 2012, S. 10–11.

NATALI Jacques, *L'occupant et l'occupation allemande à Lyon de 1940 à 1944*, Magisterarbeit, Universität Lyon II 1975.

PÉDRON André, *Matricule 34900, de Montluc à Belsen*, Villefranche 1946.

PERMEZEL Bruno (Hrsg.), *Montluc. Antichambre de l'inconnu (1942–1944)*, Lyon 1999.

PLOTON Robert, *De Montluc à Dora, l'usine des armes secrètes*, Saint-Étienne 1946.

RUBY Marcel, *Klaus Barbie, de Montluc à Montluc*, Lyon 1983.

–, *La Contre-Résistance à Lyon 1940–1944*, Lyon 1981.

–, *La Résistance à Lyon, 19 juin 1940–3 septembre 1944*, 2 Bd., Lyon 1979.

–, *Le prix de la victoire*, Lyon 1989.

–, *Lyon et le département du Rhône dans la guerre, 1939–1945*, Le Coteau 1990.

–, *Résistance et Contre-Résistance à Lyon et en Rhône-Alpes*, Lyon 1995.

RUDE Fernand, *La libération de Lyon et de sa région*, Paris 1974.

SCHÖTKER Afried, *Trois mois et demi à Montluc, 12 mai–24 août 1944*, Lyon 1944.

TERROINE Émile-Florent, *Dans les geôles de la Gestapo: souvenirs de la prison de Montluc*, Lyon 1944.

VIEILLARD Claire, *Montluc: la prison allemande de Lyon (Novembre 1942-Août 1944)*, Magisterarbeit, Universität Lumière-Lyon II 2002.

ZEITOUN Sabine, FOUCHER Dominique, *Lyon, 1940–1944: la guerre, l'occupation, la libération*, Rennes 1994.

Erinnerungskultur und Geschichtsschreibung des Zweiten Weltkrieges

ANDRIEU Claire, „Chauvy Gérard, *Aubrac. Lyon 1943"*, *Vingtième Siècle. Revue d'histoire*, 1997, Bd. 56, Nr. 1, S. 251–253.

BARCELLINI Serge, WIEVIORKA Annette, *Passant, souviens-toi! Les lieux du souvenir de la Seconde Guerre mondiale*, Paris 1999.

CONAN Éric, ROUSSO Henry, *Vichy, un passé qui ne passe pas*, Paris 1994.

EISMANN Gaël, „Le Militärbefehlshaber in Frankreich: les transformations de la mémoire savante", *Histoire@Politique. Politique, culture, société*, Nr. 9, September-Dezember 2009, S. 1–14, <www.histoire-politique.fr>, [10.12.2010].

FRIEDMAN Leon (Hrsg.), *The Laws of War: A documentary history*, Bd. 1, New York 1972.

HERBERT Ulrich, „Vernichtungspolitik. Neue Antworten und Fragen zur Geschichte des ‚Holocausts'", in: HERBERT Ulrich (Hrsg.), *Nationalsozialistische Vernichtungspolitik 1939–1945. Neue Forschungen und Kontroversen*, Frankfurt am Main 1998, S. 9–66.

KLARSFELD Beate, *Partout où ils seront*, Paris 1972.

LAUB Thomas J., *After the fall. German policy in occupied France*, Rezension von EISMANN Gaël, in: Francia-Recensio, Februar 2012, <http://www.perspectivia.net/content/publikationen/francia/francia-recensio/2012-2/ZG/laub_eismann>, [5.10.2012].

LIEB Peter, *Konventioneller Krieg oder NS-Weltanschauungskrieg? Kriegführung und Partisanenbekämpfung in Frankreich 1943/44*, Rezension von EISMANN Gaël, in: Francia-Recensio, April 2009, <http://www.perspectivia.net/content/publikationen/francia/francia-recensio/2009-4/ZG/lieb_eismann>, [5.10.2012].

MARTENS Stefan, *Pour une histoire de l'Occupation, 1940–1944*, s.d., texte publié sur le site internet de l'Institut d'Histoire du Temps Présent, <www.ihtp.cnrs.fr/prefets/hist_occupation_martens.html>, [10.10.2010].

MOISEL Claudia, „ «Des crimes sans précédent dans l'histoire des pays civilisés»: l'occupation allemande devant les tribunaux français, 1944–2001", in: EISMANN Gaël, MARTENS Stefan (Hrsg.), *Occupation et répression militaire allemandes, 1939–1945. La politique de « maintien de l'ordre » en Europe occupée*, Paris 2007, S. 186–200.

MÖLLER Horst, „Vorwort", in: HARTMANN Christian, HÜRTER Johannes, JUREIT Ulrike (Hrsg.), *Verbrechen der Wehrmacht. Bilanz einer Debatte*, München 2005, S. 9–15.

MÜLLER Ingo, „Comment les Allemands ont-ils jugé les crimes du nazisme?", in: JEAN Jean-Paul, SALAS Denis (Hrsg.), *Barbie, Touvier, Papon. Des procès pour la mémoire*, Paris 2002, S. 78–87.

PAUL Gerhard, „Von Psychopathen, Technokraten des Terrors und ‚ganz gewöhnlichen' Deutschen. Die Täter der Shoah im Spiegel der Forschung", in: PAUL Gerhard (Hrsg.), *Die Täter der Shoah. Fanatische Nationalsozialisten oder ganz normale Deutsche?*, Göttingen 2002, S. 13–90.

PAXTON Robert O., *Le Procès de Maurice Papon*, Paris 1998.

RÖHR Werner, „Forschungsprobleme zur deutschen Okkupationspolitik im Spiegel der Reihe *Europa unterm Hakenkreuz*", in: RÖHR Werner, (Hrsg.), *Europa unterm Hakenkreuz. Analysen, Quellen, Register*, Heidelberg 1996, S. 25–343.

ROUSSO Henry, *Le syndrome de Vichy de 1944 à nos jours*, Paris [1987] 1990.

–, „L'expertise des historiens dans les procès pour crime contre l'humanité", in: JEAN Jean-Paul, SALAS Denis (Hrsg.), *Barbie, Touvier, Papon. Des procès pour la mémoire*, Paris 2002, S. 58–70.

SANKÜHLER Thomas, „Die Täter des Holocaust. Neuere Überlegungen und Kontroversen", in: POHL Karl Heinrich (Hrsg.), *Wehrmacht und Vernichtungspolitik. Militär im nationalsozialistischen System*, Göttingen 1999, S. 39–65.

SCOTT James Brown, *The Hague Conventions and Declarations of 1899 and 1907*, New York 1915.

MODERNE GESCHICHTE UND POLITIK
Begründet von Gerhard Schulz

Band 1 Ilse Maurer: Reichsfinanzen und Große Koalition. Zur Geschichte des Reichskabinetts Müller (1928-1930). 269 S. 1973.

Band 2 Udo Wengst: Graf Brockdorff-Rantzau und die außenpolitischen Anfänge der Weimarer Republik. 163 S., 1973. 2., unveränderte Auflage. 1986.

Band 3 Helmut Marcon: Arbeitsbeschaffungspolitik der Regierungen Papen und Schleicher. 530 S. 1974.

Band 4 Brigitte Wiegand: Krieg und Frieden im Spiegel führender protestantischer Presseorgane Deutschlands und der Schweiz in den Jahren 1890-1914, 431 S. 1976.

Band 5 Renate Köhne: Die Haltung der nationalliberalen Reichstagsfraktion zum Koalitionsrecht der gewerblichen Arbeiter 1890-1914. 416 S. 1977.

Band 6 Peter Ullmann: Tarifverträge und Tarifpolitik in Deutschland bis 1914. Entstehung und Entwicklung, interessenpolitische Bedingungen und Bedeutung des Tarifvertragswesens für die sozialistischen Gewerkschaften. 370 S. 1977.

Band 7 Heinrich Timmermann: Friedenssicherungsbewegungen in den Vereinigten Staaten von Amerika und in Großbritannien während des Ersten Weltkrieges. 264 S. 1978.

Band 8 Hans-Jürgen Müller: Auswärtige Pressepolitik und Propaganda zwischen Ruhrkampf und Locarno (1923-1925). Eine Untersuchung über die Rolle der Öffentlichkeit in der Außenpolitik Stresemanns. 1991.

Band 9 Jörg-Uwe Fischer: Admiral des Kaisers. Georg Alexander von Müller als Chef des Marinekabinetts Wilhelms II. 354 S. 1992.

weitergeführt ab Band 10 von Anselm Doering-Manteuffel, Udo Sautter und Andreas Wirsching

Band 10 Stefan Feucht: Die Haltung der Sozialdemokratischen Partei Deutschlands zur Außenpolitik während der Weimarer Republik (1918-1933). 550 S. 1998.

Band 11 Arne Hofmann: „Wir sind das alte Deutschland, Das Deutschland, wie es war ...". Der „Bund der Aufrechten" und der Monarchismus in der Weimarer Republik. 228 S. 1998.

Band 12 Nikolaus Back: „Zeitgemäßer Fortschritt". Die Weimarer Republik in der Provinz. Modernisierung im Widerstreit am Beispiel der Filder. Mit einem Vorwort von Anselm Doering-Manteuffel. 170 S. 1998.

Band 13 Bernhard Trefz: Jugendbewegung und Juden in Deutschland. Eine historische Untersuchung mit besonderer Berücksichtigung des *Deutsch-Jüdischen Wanderbundes 'Kameraden'*. 1999.

Band 14 Konstantina Botsiou: Griechenlands Weg nach Europa. Von der Truman-Doktrin bis zur Assoziierung mit der Europäischen Wirtschaftsgemeinschaft, 1947-1961. 1999.

Band 15 Benita von Behr / Lara Huber / Andrea Kimmi / Manfred Wolff (Hrsg.): Perspektiven der Menschenrechte. Beiträge zum fünfzigsten Jubiläum der UN-Erklärung. 1999.

Band 16 Karin Urselmann: Die Bedeutung des Barbie-Prozesses für die französische Vergangenheitsbewältigung. 2000.

Band 17 Ute Richter-Eberl: Ethnisch oder National? Aspekte der russlanddeutschen Emigration in Deutschland 1919-1969. 2001.

Band 18 Ansbert Baumann: Begegnung der Völker? Der Elysée-Vertrag und die Bundesrepublik Deutschland. Deutsch-französische Kulturpolitik von 1963 bis 1969. 2003.

Band 19 Ione Oliveira: Außenpolitik und Wirtschaftsinteresse. In den Beziehungen zwischen Brasilien und der Bundesrepublik Deutschland 1949-1966. 2005.

Band 20 Dorothee Platz: *We had been the women's army* – Women's Army Auxiliary Corps (WAAC). Kriegserfahrungen von Frauen im Hilfsdienst der britischen Armee des Ersten Weltkrieges. 2005.

Band 21 Amir Bar-On: Israel und Deutschland, Deutschland und Israel 1982-1998. Interessen, Einstellungen und Politik. 2008.

Band 22 Michael Hoffmann: Die französischen Konservativen in der katholischen Provinz. Parteigenese und politische Kultur im Doubs (1900-1930). 2008.

weitergeführt ab Band 23 von Anselm Doering-Manteuffel, Georg Schild und Andreas Wirsching

Band 23 Stefan Wannenwetsch: Unorthodoxe Sozialisten. Zu den Sozialismuskonzeptionen der Gruppe um Otto Straßer und des Internationalen Sozialistischen Kampfbundes in der Weimarer Republik. 2010.

Band 24 Almuth Ebke: „The Party is Over"? Britische Wirtschaftspolitik und das Narrativ des „Decline", 1970-1976. 2012.

Band 25 Lorraine Bluche: Von Bauern zu Europäern? Der agraristische Diskurs in Frankreich, 1944-1962. 2012.

Band 26 Arne Hordt: Von Scargill zu Blair? Der britische Bergarbeiterstreik 1984-85 als Problem einer europäischen Zeitgeschichtsschreibung. 2013.

Band 27 Marie Sophie Graf: Die Inszenierung der *Neuen Armut* im sozialpolitischen Repertoire von SPD und Grünen 1983-1987. 2015.

Band 28 Elisabeth Meier: Die deutsche Besatzung in Lyon im Blick der Täterforschung. 2016.

www.peterlang.com

www.ingramcontent.com/pod-product-compliance
Ingram Content Group UK Ltd.
Pitfield, Milton Keynes, MK11 3LW, UK
UKHW041922210426
5322IPUK00002B/6